Brza kuhinja

Kulinarske avanture s mikrovalnom pećnicom

Ana Dizajnović

Sadržaj

Pirjana govedina i povrće 14
Goveđi gulaš 15
Hot-pot govedina i povrće 16
Goveđi kari 17
Osnovni tata 18
Cottage Pie 19
Domaća pita sa sirom 19
Isjeckajte sa zobom 20
Chili con carne 20
Curry sos 21
Goveđi gulaš 21
Goveđi gulaš sa kuvanim krompirom 22
Pasulj i juneći paprikaš sa paradajzom 23
Kolač od govedine i paradajza 23
Ćevap od govedine i gljiva 24
Punjeno jagnje 26
Kovani janjeći ćevap 27
Klasični janjeći ćevap 28
Bliskoistočna jagnjetina sa voćem 29
Mock Irish Stew 30
Farmerova žena Jagnjeći kotleti 31
Lamb Hotpot 32

Jagnjeći hleb sa mentom i ruzmarinom	33
Jagnjeći gulaš sa paradajzom	34
Lamb Biryani	35
Garnished Biriani	36
Musaka	37
Musaka sa krompirom	38
Quick Moussaka	39
Jagnjeće meso	40
Shepherd's Pie	41
Seoska džigerica u crnom vinu	41
Jetrica i slanina	42
Jetrica i slanina sa jabukom	43
Bubrezi u crnom vinu sa rakijom	44
Odresci divljači sa bukovačama i plavim sirom	46
Priprema male tjestenine	47
Kineska salata od rezanaca i gljiva sa orasima	47
Pepper makaroni	48
Porodični makaroni sir	49
Klasični makaroni sir	50
Makaroni sir sa stiltonom	51
Makaroni sir sa slaninom	51
Makaroni sir sa paradajzom	52
Spaghetti Carbonara	52
Makaroni sir u stilu pice	53
Špageti krem sa mladim lukom	54
Špagete bolonjez	55
Špageti sa purećom bolonjez sosom	56

Špageti sa ragu sosom 57
Špageti sa puterom.. 58
Testenina sa belim lukom.. 59
Špageti sa govedinom i mešanim povrćem Bolonjez sosom 60
Špageti sa mesnim sosom i vrhnjem 61
Špageti sa marsala sosom od mesa... 61
Pasta alla Marinara... 62
Pasta Matriciana 63
Tjestenina sa tunjevinom i kaparima... 64
Pasta Napoletana.. 65
Pasta Pizzaiola 66
Testenina sa graškom.. 66
Testenina sa sosom od pileće džigerice 66
Testenina sa inćunima 67
Ravioli sa sosom 67
Tortellini 68
Lazanje.. 69
Pizza Napoletana.. 70
Pizza Margherita 71
Seafood pizza 71
Pizza Siciliana.. 71
Mushroom pizza... 71
Pizza sa šunkom i ananasom 72
Pepperoni Pizza 72
Namazani bademi u listićima... 73
Badem u listićima u puteru od belog luka 73
Sušeni kesteni 73

Sušenje bilja	74
Hrskave prezle	75
Burgeri od orašastih plodova	76
Nutkin cake	77
Heljda	78
bugarski	79
Bulgar sa prženim lukom	80
Tabbouleh	81
Sultanova salata	82
Kuskus	83
Griz	84
Njoki alla Romana	85
Ham Gnocchi	86
Proso	86
Polenta	87
Palenta na žaru	88
Palenta sa pestom	89
Palenta sa sušenim paradajzom ili pastom od maslina	89
Quinoa	89
rumunska palenta	90
Curry pirinač	91
Tepsija od svježeg sira i pirinča	92
Italian Risotto	93
Rižoto sa pečurkama	94
Brazilski pirinač	94
španski pirinač	95
Običan turski pilav	96

Bogati turski pilaf 97
Tajlandski pirinač sa limunskom travom, lišćem limete i kokosom 98
Bamija sa kupusom 100
Crveni kupus sa jabukom 101
Crveni kupus sa vinom 103
norveški kiseli kupus 103
Pirjana bamija na grčki način sa paradajzom 104
Zeleni sa paradajzom, lukom i puterom od kikirikija 104
Slatka i pavlaka repa 105
Cvekla u narandzi 106
Oguljeni celer 107
Celer sa holandskim sosom od pomorandže 108
Slimmers gulaš od povrća 109
Slimmer's tepsija od povrća sa jajima 110
Ratatouille 110
Karamelizovani pastrnjak 111
Pastrnjak sa sosom od mrvica od jaja i putera 112
Brokula sa sirom Supreme 114
Guvetch 115
Sir od celera sa slaninom 116
Gulaš od artičoke sa slaninom 117
Karelijski krompir 118
Holandski krompir i gauda tepsija sa paradajzom 119
Slatki krompir premazan puterom i kremom 119
Maître d'Hôtel slatki krompir 120
Kremirani krompir 121
Krem krompir sa peršunom 122

Krem krompir sa sirom *122*

Mađarski krompir sa paprikom *123*

Dauphine krompir *124*

Savojski krompir *125*

Château potatoes *125*

Krompir sa sosom od bademovog putera *126*

Senf i paradajz limete *127*

Pirjani krastavac *128*

Pirjani krastavac sa Pernodom *128*

Marrow Spanish *129*

Gratin od tikvica i paradajza *130*

Tikvice sa bobicama kleke *131*

Kineski listovi na maslacu sa Pernodom *132*

Klice pasulja u kineskom stilu *133*

Šargarepa sa narandžom *134*

Pirjana cikorija *135*

Pirjana šargarepa sa limetom *136*

Komorač u šeriju *137*

Praziluk dinstan sa šunkom *138*

Praziluk u loncu *139*

Celer u loncu *139*

Paprike punjene mesom *140*

Paprike punjene mesom sa paradajzom *141*

Pureće punjene paprike sa limunom i timijanom *141*

Krem sunđeri u poljskom stilu *142*

Paprika pečurke *143*

Curry pečurke *143*

Lentil Dhal *144*
Dhal sa lukom i paradajzom *146*
Madras povrće *148*
Mešani kari od povrća *150*
Gelirana mediteranska salata *152*
Grčka žele salata *153*
Ruska žele salata *153*
Keleraba salata sa majonezom od senfa *154*
Čaše od cvekle, celera i jabuke *155*
Mock Waldorf Cups *156*
Salata od celera sa belim lukom, majonezom i pistaćima *156*
Kontinentalna salata od celera *157*
Salata od celera sa slaninom *158*
Salata od artičoke sa paprikom i jajima u toplom prelivu *159*
Fil od žalfije i luka *160*
Fil od celera i pesta *161*
Fil od praziluka i paradajza *161*
Punjenje od slanine *162*
Fil od slanine i kajsije *163*
Fil od gljiva, limuna i timijana *163*
Fil od gljiva i praziluka *164*
Fil od šunke i ananasa *165*
Punjenje od azijskih gljiva i indijskih oraščića *166*
Fil od šunke i šargarepe *167*
Fil od šunke, banana i kukuruza slatkog *167*
Italijansko punjenje *168*
Špansko punjenje *169*

Fil od pomorandže i korijandera 169
Fil od limete i korijandera 170
Fil od narandže i kajsije 171
Fil od jabuka, grožđica i oraha 172
Punjenje od jabuka, suvih šljiva i brazilskih oraha 173
Nadjev od jabuke, urme i lješnjaka 173
Fil od belog luka, ruzmarina i limuna 174
Fil od belog luka, ruzmarina i limuna sa parmezanom 175
Punilo od ribe i školjki 175
Punjenje parmske šunke 176
Punjenje od mesa kobasica 176
Nadev od mesa kobasica i džigerice 177
Filovati mesom kobasica i kukuruzom šećernom 177
Fil od mesa kobasica i narandže 177
Punjenje od kestena sa jajetom 178
Fil od kestena i brusnica 179
Kremasti fil od kestena 179
Kremasti fil od kestena i kobasica 180
Kremasti fil od kestena sa celim kestenima 180
Fil od kestena sa peršunom i timijanom 181
Punjenje od kestena sa gamonom 182
Punjenje od pileće džigerice 183
Punjenje od pileće džigerice sa pecanima i narandžom 184
Punjenje od trostrukog oraha 184
Fil od krompira i ćureće jetre 185
Pirinčan fil sa začinskim biljem 186
Španski fil od pirinča sa paradajzom 187

Voćni fil od pirinča 188
Punjenje od riže Oca Istoka 189
Ukusan fil od pirinča sa orasima 189
Chocolate Crispies 190
Torta od đavolje hrane 191
Mocha Torte 192
Višeslojna torta 193
Švarcvaldska torta od trešnje 193
Chocolate Orange Gateau 194
Čokoladna kremasta torta 195
Čokoladna Mocha torta 196
Narandžasto-čok kolač 196
Dvostruka čokoladna torta 196
Torta od šlaga i oraha 197
Christmas Gateau 198
American Brownies 199
Brownies od čokoladnih orašastih plodova 200
Oaten karamela trouglovi 200
Muesli trouglovi 201
Chocolate Queenies 201
Flaky Chocolate Queenies 202
Doručak kolač od mekinja i ananasa 203
Voćno čokoladni biskvit Crunch cake 204
Fruit Mocha Biscuit Crunch Cake 205
Crunch Cake sa voćnim rumom i suvo grožđem 205
Crunch Cake od voćnog viskija i keksa od narandže 205
Crunch torta sa bijelom čokoladom 206

Dvoslojni cheesecake od kajsija i malina 206
Cheesecake sa maslacem od kikirikija 208
Lemon Curd Cheesecake 210
Čokoladni cheesecake 210
Sharon Fruit Cheesecake 210
Cheesecake od borovnica 212
Pečeni Cheesecake od limuna 212
Pečeni cheesecake od limete 214
Pečeni cheesecake od crne ribizle 214
Pečeni cheesecake od malina 214
Kolač od rogača 214
Jednostavna čokoladna torta 215
Torta od badema 215
Viktorija sendvič torta 215
Kindergarten čajni biskvit 216

Pirjana govedina i povrće

Server 4

30 ml/2 kašike putera ili margarina, kuhinjske temperature
1 veći luk, narendani
3 šargarepe, tanko narezane
75g/3oz pečuraka, tanko narezanih
450g/1lb ram odreska, isječenog na male kockice
1 kocka goveđeg temeljca
15 ml/1 kašika običnog (za sve namene) brašna
300 ml/½ pt/1¼ šolje tople vode ili goveđeg temeljca
Svježe mljeveni crni biber
5 ml/1 kašičica soli

Stavite puter ili margarin u posudu za rernu prečnika 20 cm/8 (holandska rerna). Otopite na odmrzavanje 45 sekundi. Dodajte povrće i odrezak i dobro promiješajte. Kuvajte otklopljeno do kraja 3 minuta. Izmrviti u bujon kocku i umiješati brašno i toplu vodu ili temeljac. Smjesu premjestiti na ivicu posude da se formira prsten, ostavljajući malu rupu u sredini. Pospite biberom. Pokrijte prozirnom folijom (plastičnom folijom) i prerežite dva puta da para izađe. Kuvajte na punoj temperaturi 9 minuta, okrećući jednom. Ostavite da odstoji 5 minuta, posolite i poslužite.

Goveđi gulaš

Server 4

450g/1lb posnog odreska za dinstanje, isječenog na male kockice
15 ml/1 kašika običnog (za sve namene) brašna
250g/9oz neotopljena tepsija sa smrznutim povrćem
300 ml/½ pt/1¼ šolje kipuće vode
1 kocka goveđeg temeljca
Svježe mljeveni biber
2,5-5 ml/½-1 kašičica soli

Stavite odrezak u posudu za rernu prečnika 23 cm/9 (holandska pećnica), ne previše duboku. Pospite brašnom, pa dobro promešajte da se premaže. Labavo rasporedite u jednom sloju. Povrće narežite na komade, pa rasporedite oko mesa. Pokrijte prozirnom folijom (plastičnom folijom) i prerežite dva puta da para izađe. Kuvajte do kraja 15 minuta, okrećući posudu četiri puta. Meso prelijte vodom i izmrvite kocku bujona. Začinite biberom i dobro promešajte. Pokrijte kao i ranije, pa kuhajte na punoj temperaturi 10 minuta, okrećući posudu tri puta. Ostavite 5 minuta, zatim promiješajte, posolite i poslužite.

Hot-pot govedina i povrće

Server 4

450g/1lb krompira
2 šargarepe
1 veliki luk
450g/1lb posnog odreska za dinstanje, isječenog na male kockice
1 kocka goveđeg temeljca
150 ml/¼ pt/2/3 šolje toplog goveđeg ili povrtnog temeljca
30 ml/2 kašike putera ili margarina

Krompir, šargarepu i luk narežite na providne, tanke ploške. Narežite luk na kolutiće. Temeljito podmažite posudu od 1,75 litara/3 pt/7½ šolje. Napunite naizmjeničnim slojevima povrća i mesa, počevši i završavajući krompirom. Pokrijte prozirnom folijom (plastičnom folijom) i prerežite dva puta da para izađe. Kuvajte do kraja 15 minuta, okrećući posudu tri puta. U vrelu čorbu izmrviti kockicu bujona i miješati dok se ne otopi. Pažljivo sipajte sa strane posude tako da teče kroz meso i povrće. Prelijte ljuspicama putera ili margarina. Pokrijte kao i ranije i kuhajte na punoj temperaturi 15 minuta, okrećući posudu tri puta. Ostavite 5 minuta. Zapeći na vrelom roštilju (brojleri), po želji.

Goveđi kari

Servira 4-5

Anglizirana verzija srednje ljutog karija. Poslužite uz basmati pirinač i sambals (prilog) od običnog jogurta, narezani krastavac posut nasjeckanim svježim korijanderom (korijanderom) i chutney.

450g/1lb nemasne govedine, isečene na male kockice
2 glavice luka, nasjeckana
2 čena belog luka, zgnječena
15 ml/1 kašika suncokretovog ili kukuruznog ulja
30 ml/2 kašike vrućeg karija praha
30 ml/2 kašike paradajz pirea (paste)
15 ml/1 kašika običnog (za sve namene) brašna
4 zelene mahune kardamoma
15 ml/1 kašika garam masale
450 ml/¾ pt/2 šolje tople vode
5 ml/1 kašičica soli

Stavite meso u jednom sloju u duboku posudu prečnika 25cm/10. Pokrijte tanjirom i kuvajte na punoj temperaturi 15 minuta, dva puta mešajući. U međuvremenu, na ulju u tiganju (loncu) na srednjoj vatri na ulju propržite (dinstajte) luk i beli luk, dok ne porumene. Umiješajte curry prah, paradajz pastu, brašno, mahune kardamoma i garam masalu, pa postepeno umiješajte vruću vodu.Kuvajte miješajući dok smjesa ne provri i zgusne. Posudu za meso izvadite iz mikrotalasne i umiješajte sadržaj tiganja.Pokrijte prozirnom folijom (plastičnom folijom) i dvaput prerežite da para izađe. Kuvajte do kraja 10 minuta, okrećući posudu dva puta. Ostavite da odstoji 5 minuta prije serviranja.

Osnovni tata

Server 4

450 g/1 lb/4 šolje nemasne mlevene (mlevene) govedine
1 luk, narendani
30 ml/2 kašike običnog (za sve namene) brašna
450 ml/¾ pt/2 šolje tople vode
1 kocka goveđeg temeljca
5 ml/1 kašičica soli

Stavite meso u duboku posudu prečnika 20 cm/8. Viljuškom dobro izmiješajte luk i brašno. Kuvajte otklopljeno do kraja 5 minuta. Meso razbiti viljuškom. Dodajte vodu i izmrvite u bujon kocku. Dobro promiješajte da se promiješa. Pokrijte prozirnom folijom (plastičnom folijom) i prerežite dva puta da para izađe. Kuvajte do kraja 15 minuta, okrećući posudu četiri puta. Ostavite 4 minute. Posolite i promiješajte prije serviranja.

Cottage Pie

Server 4

1 količina osnovnog nadjeva
675 g/1½ lb svježe kuhanog krompira
30 ml/2 kašike putera ili margarina
60–90 ml/4–6 kašika toplog mleka

Ohladite Basic mljeveno meso dok ne postane mlako i prebacite ga u podmazanu posudu za pitu od 1 quart/1¾ pt/4¼ šolje. Krompir umutite sa puterom ili margarinom i dovoljno mlijeka da dobijete laganu i prozračnu kašu. Narendajte preko mešavine mesa ili ravnomerno rasporedite i naribajte viljuškom. Ponovo zagrijte, nepokriveno, na punoj temperaturi 3 minute. Alternativno, zapeći na vrućem roštilju (brojler).

Domaća pita sa sirom

Server 4

Pripremite kao za Cottage Pie, ali dodajte 50-75g/2-3oz/½-¾ šolje naribanog cheddar sira u krompir nakon kreme sa puterom i toplim mlekom.

Isjeckajte sa zobom

Server 4

Pripremite kao za Basic mleveno meso, ali dodajte 1 šargarepu, narendanu, sa lukom. Zamenite brašno sa 25g/1oz/½ šolje ovsenih pahuljica. Kuvajte prvi put 7 minuta.

Chili con carne

Servira 4-5

450 g/1 lb/4 šolje nemasne mlevene (mlevene) govedine
1 luk, narendani
2 čena belog luka, zgnječena
5–20 ml/1–4 kašičice čilija
400g/14oz/1 velika konzerva seckanog paradajza
5ml/1 kašičica Worcestershire sosa
400g/14oz/1 velika konzerva crveni pasulj, ocijeđen
5 ml/1 kašičica soli
Krompir ili kuvani pirinač, za serviranje

Stavite govedinu u posudu za rernu prečnika 23 cm/9 (holandska rerna). Vilicom umiješajte luk i bijeli luk. Kuvajte otklopljeno do kraja 5 minuta. Meso razbiti viljuškom. Umutite sve preostale sastojke osim soli. Pokrijte prozirnom folijom (plastičnom folijom) i prerežite dva puta da para izađe. Kuvajte do kraja 15 minuta, okrećući posudu tri puta. Ostavite 4 minute. Začinite solju prije serviranja sa krompirom ili kuhanim pirinčem.

Curry sos

Server 4

2 glavice luka, izrendana
2 čena belog luka, zgnječena
450 g/1 lb/4 šolje nemasne mlevene (mlevene) govedine
15 ml/1 kašika običnog (za sve namene) brašna
5–10 ml/1–2 kašike blagog karija u prahu
30 ml/2 kašike voćnog chutneya
60 ml/4 kašike paradajz pirea (paste)
300 ml/½ pt/1¼ šolje kipuće vode
1 kocka goveđeg temeljca
Sol i svježe mljeveni crni biber

Zgnječite luk, beli luk i govedinu zajedno. Širite u posudu za rernu prečnika 20 cm/8 (holandska rerna). Oblikujte prsten oko ruba posude, ostavljajući malu rupu u sredini. Pokrijte tanjirom i kuhajte na punoj temperaturi 5 minuta. Raskinite viljuškom. Umiješajte brašno, kari, čatni i paradajz pire.Postepeno umiješajte vodu, pa izmrvite u kocku temeljca.Pokrijte prozirnom folijom (plastičnom folijom) i prerežite dva puta da para izađe. Kuvajte do kraja 15 minuta, okrećući posudu tri puta. Ostavite 4 minute. Probajte, promiješajte i poslužite.

Goveđi gulaš

Služi 6

40 g/1½ oz/3 kašike putera, margarina ili masti

675 g/1½ lb odreska za dinstanje, narezana na male kockice

2 velika luka, narendana

1 srednja zelena paprika sa sjemenkama i sitno narezana na kockice

2 čena belog luka, zgnječena

4 paradajza, blanširana, oguljena i iseckana

45 ml/3 kašike paradajz pirea (paste)

15 ml/1 kašika paprike

5 ml/1 kašičica sjemena kima

5 ml/1 kašičica soli

300 ml/½ pt/1¼ šolje kipuće vode

150 ml/¼ pt/2/3 šolje kisele (mlečne) pavlake

Stavite mast u posudu od 1,75 litara/3 pt/7½ šolje. Otopite, nepokriveno, na punoj temperaturi 1 minut. Pomiješajte meso, luk, biber i bijeli luk, prekrijte prozirnom folijom (plastičnom folijom) i dva puta prerežite da para izađe. Kuvajte do kraja 15 minuta, okrećući posudu četiri puta. Otkrijte i umiješajte paradajz, paradajz pire, papriku i kim, poklopite kao i prije i kuhajte na punoj temperaturi 15 minuta, okrećući posudu četiri puta. Posolite i pažljivo umiješajte kipuću vodu, sipajte u duboke tanjire i svaki obilno prelijte kremom.

Goveđi gulaš sa kuvanim krompirom

Služi 6

Pripremite kao za goveđi gulaš, ali izostavite kremu i u svaku porciju dodajte 2-3 cijela kuvana krompira.

Pasulj i juneći paprikaš sa paradajzom

Služi 6

425 g/15 oz/1 velika konzerva maslaca
275 g/10 oz/1 konzerva paradajz supe
30 ml/2 kašike sušenog luka
6 kriški pečenog odreska, cca. 125g/4oz svaki, umućen ravno
Sol i svježe mljeveni crni biber

Stavite pasulj, supu i luk u posudu za rernu prečnika 20 cm/8 (holandska rerna). Pokrijte tanjirom i kuvajte na punoj temperaturi 6 minuta, mešajući tri puta. Odreske rasporedite po rubu posude. Pokrijte prozirnom folijom (plastičnom folijom) i prerežite dva puta da para izađe. Kuvajte do kraja 17 minuta, okrećući posudu tri puta. Ostavite 5 minuta. Otkrijte i probajte prije serviranja.

Kolač od govedine i paradajza

Servira 2-3

275 g/10 oz/2½ šolje mlevene (mlevene) govedine
30 ml/2 kašike običnog (za sve namene) brašna
1 jaje

5 ml/1 kašičica luka u prahu
150 ml/¼ pt/2/3 šolje soka od paradajza
5 ml/1 kašičica soja sosa
5 ml/1 kašičica sušenog origana
Kuvana testenina za serviranje

Temeljno namastite ovalni pleh za torte od 900 ml/1½ pt/3¾ šolje. Pomiješajte govedinu sa svim preostalim sastojcima i ravnomjerno rasporedite u posudu. Pokrijte prozirnom folijom (plastičnom folijom) i prerežite dva puta da para izađe. Kuvajte do kraja 7 minuta, okrećući posudu dva puta. Ostavite 5 minuta. Prerežite na dva ili tri dijela i poslužite vruće sa tjesteninom.

Ćevap od govedine i gljiva

Server 4

24 svježa ili osušena lovorova lista
½ crvene paprike narezane na male kvadratiće
½ zelene paprike, narezane na male kvadratiće

750g/1½lb biftek (pečenje), isečen i isečen na 2,5cm/1 kockice
175g/6oz šampinjona
50 g/2 oz/¼ šolje putera ili margarina, na kuhinjskoj temperaturi
5 ml/1 kašičica paprike
5ml/1 kašičica Worcestershire sosa
1 češanj belog luka, zgnječen
175 g/6 oz/1½ šolje pirinča, kuvanog

Ako koristite sušeni lovorov list, stavite ih u manju posudu, dodajte 90 ml/6 kašika vode i pokrijte tanjurićem. Zagrijte na punoj temperaturi 2 minute da omekša. Stavite kvadrate paprike u posudu i samo ih prelijte vodom. Pokrijte tanjirom i zagrijte do kraja 1 minut da omekša. Ocijedite papriku i lovor. Navucite govedinu, pečurke, kvadrate bibera i lovorov list na dvanaest drvenih ražnjića od 10 cm/4. Ćevape poređajte kao žbice na točak u duboku posudu prečnika 25cm/10. Stavite puter ili margarin, papriku, Worcestershire sos i bijeli luk u manju posudu i zagrijte otklopljeno 1 minutu. Četkajte preko ćevapa. Kuvajte otklopljeno 8 minuta, okrećući posudu četiri puta. Pažljivo okrenite ćevape i premazati ostatkom mješavine putera. Kuhajte na punoj temperaturi još 4 minute, okrećući posudu dva puta. Rasporedite na podlogu od pirinča i prelijte sokom iz posude. Dozvolite tri ćevapa po osoba.

Punjeno jagnje

Server 4

Ovdje je malo bliskoistočnog pristupa. Jagnjetinu poslužite uz topli pita kruh i zelenu salatu posutu maslinama i kaparima.

4 komada fileta janjećeg vrata, cca. 15 cm dužine i 675 g/½ lb svaki
3 velike kriške hrskavog bijelog hljeba, isjeckanog na kockice
1 luk, isečen na 6 kockica

45 ml/3 kašike prženih pinjola
30 ml/2 kašike ribizle
2,5 ml/½ kašičice soli
150 g/5 oz/2/3 šolje debelog običnog grčkog jogurta
Mljeveni cimet
8 pečuraka
15 ml/1 kašika maslinovog ulja

Izrežite mast sa jagnjetine. Na svakom komadu napravite prorez po dužini, pazeći da meso ne prosiječete pravo. Kockice kruha i komadiće luka sameljite zajedno u procesoru hrane ili blenderu. Istrugajte u činiju i umiješajte pinjole, ribizle i sol. Podjednake količine rasporedite na komade jagnjetine i pričvrstite drvenim štapićima za koktel (čačkalice). Ređati na kvadrat u duboku posudu prečnika 25cm/10. Premažite sa svim jogurtom i lagano pospite cimetom. Nasumično pospite pečurkama i tanko ih premažite uljem. Pokrijte prozirnom folijom (plastičnom folijom) i prerežite dva puta da para izađe. Kuvajte do kraja 16 minuta, okrećući posudu četiri puta. Ostavite 5 minuta, a zatim poslužite.

Kovani janjeći ćevap

Služi 6

900g/2lb jagnjeći vrat, obrezan
12 velikih listova mente
60 ml/4 kašike gustog običnog jogurta
60 ml/4 kašike kečapa od paradajza (catsup)

1 češanj belog luka, zgnječen
5ml/1 kašičica Worcestershire sosa
6 pita hleba, toplih
Listovi zelene salate, kriške paradajza i krastavca

Meso narežite na kockice veličine 2,5 cm/1. Navucite šest drvenih ražnjića naizmenično sa listovima mente. Poređajte kao žbice točka u duboku posudu prečnika 25 cm/10. Dobro izmiješajte jogurt, kečap, bijeli luk i Worcestershire sos i premažite polovinom smjese ćevape. Kuvajte otklopljeno do kraja 8 minuta, okrećući posudu dva puta. Okrenite ćevape i premažite ih preostalim roštiljem. Kuvajte na punoj temperaturi još 8 minuta, okrećući posudu dva puta. Ostavite 5 minuta. Pita hljebove kratko zagrijte ispod roštilja (brojleri) dok ne napuhnu, a zatim isecite po dužoj ivici da napravite džep. Izvadite meso sa ražnja i bacite lovorov list. Umotajte jagnjetinu u pittas, a zatim u svaku dodajte izdašnu porciju salate.

Klasični janjeći ćevap

Služi 6

900g/2lb jagnjeći vrat, obrezan
12 velikih listova mente
30 ml/2 kašike putera ili margarina
5 ml/1 kašičica soli od belog luka
5ml/1 kašičica Worcestershire sosa
5 ml/1 kašičica soja sosa
2,5 ml/½ kašičice paprike

6 pita hleba, toplih
Listovi zelene salate, kriške paradajza i krastavca

Meso narežite na kockice veličine 2,5 cm/1. Navucite šest drvenih ražnjića naizmenično sa listovima mente. Poređajte kao žbice točka u duboku posudu prečnika 25 cm/10. Otopite puter ili margarin na punoj 1 minutu, zatim dodajte so od belog luka, Worcestershire sos, soja sos i papriku i dobro promešajte. Polovinom smjese premažite ćevape. Kuvajte otklopljeno do kraja 8 minuta, okrećući posudu dva puta. Okrenite ćevape i premažite ih preostalim roštiljem. Kuvajte na punoj temperaturi još 8 minuta, okrećući posudu dva puta. Ostavite 5 minuta. Pita hljebove kratko zagrijte ispod roštilja (brojleri) dok ne napuhnu, a zatim isecite po dužoj ivici da napravite džep. Izvadite meso sa ražnja i bacite lovorov list. Umotajte jagnjetinu u pittas, a zatim u svaku dodajte izdašnu porciju salate.

Bliskoistočna jagnjetina sa voćem

Servira 4-6

Ovo delikatno začinjeno i voćno jelo od jagnjetine je nenaglašene elegancije, naglašene premazom od prženih pinjola i badema u listićima. Poslužite sa jogurtom i pirinčem.

675g/1½lb jagnjećeg mesa bez kosti, što je moguće mršavije
5 ml/1 kašičica mlevenog cimeta
2,5 ml/½ kašičice mlevenih karanfilića
30 ml/2 kašike mekog smeđeg šećera

1 glavica luka, nasjeckana
30 ml/2 kašike limunovog soka
10 ml/2 kašičice kukuruznog brašna (kukuruzni škrob)
15 ml/1 kašika hladne vode
7,5-10 ml/1½-2 kašičice soli
400g/14oz/1 velike limene kriške breskve u prirodnom ili soku od jabuke, ocijeđene
30 ml/2 kašike pečenih pinjola
30 ml/2 kašike badema u listićima

Jagnjetinu narežite na male kockice. Stavite u posudu za tepsiju od 1,75 quart/3 pt/7½ šolje (holandska rerna). Pomiješajte začine, šećer, luk i limunov sok i dodajte u jelo. Pokrijte tanjirom i kuhajte na punoj temperaturi 5 minuta, a zatim ostavite 5 minuta. Ponovite tri puta, svaki put dobro promiješajte. Pomiješajte kukuruzno brašno i vodu u glatku pastu. Ocijedite tečnost iz jagnjetine i dodajte mešavinu kukuruznog brašna i so. Prelijte preko jagnjetine i dobro promiješajte. Kuvajte otklopljeno do kraja 2 minuta. Umiješajte kriške breskve i kuhajte, nepoklopljeno, na punoj temperaturi još 1½ minuta. Pospite pinjolima i bademima i poslužite.

Mock Irish Stew

Server 4

675g/1½lb pirjana jagnjetina na kockice
2 velika luka, krupno izrendana
450g/1lb krompira, sitno isečenog na kockice

300 ml/½ pt/1¼ šolje kipuće vode
5 ml/1 kašičica soli
45 ml/3 kašike seckanog peršuna

Uklonite višak masnoće sa jagnjetine. Stavite meso i povrće u jednom sloju u duboku posudu prečnika 25 cm/10. Pokrijte prozirnom folijom (plastičnom folijom) i prerežite dva puta da para izađe. Kuvajte do kraja 15 minuta, okrećući posudu dva puta. Pomiješajte vodu i sol i prelijte preko mesa i povrća, dobro promiješajte. Pokrijte kao i ranije i kuhajte na punoj temperaturi 20 minuta, okrećući posudu tri puta. Ostavite 10 minuta. Pre serviranja otkrijte i pospite peršunom.

Farmerova žena Jagnjeći kotleti

Server 4

3 hladna kuvana krompira, tanko narezana
3 hladne kuvane šargarepe, sitno narezane
4 posna janjeća kotleta, po 150g/5oz
1 mali luk, narendani
1 kipuća (tarta) jabuka, oguljena i narendana
30 ml/2 kašike soka od jabuke
Sol i svježe mljeveni crni biber
15 ml/1 kašika putera ili margarina

Poređajte kriške krompira i šargarepe u jednom sloju po dnu duboke posude prečnika 20 cm/8. Po vrhu rasporedite kotlete. Pospite lukom i jabukom i prelijte sokom. Začinite po ukusu i pokapajte listićima putera ili margarina. Pokrijte prozirnom folijom (plastičnom folijom) i prerežite dva puta da para izađe. Kuvajte do kraja 15 minuta, okrećući posudu dva puta. Ostavite da odstoji 5 minuta prije serviranja.

Lamb Hotpot

Server 4

675g/1½lb krompira, vrlo tanko narezanog
2 glavice luka, vrlo tanko narezane
3 šargarepe, vrlo tanko narezane
2 velike stabljike celera, dijagonalno narezane na tanke trakice
8 janjećih kotleta sa najboljim vratom, cca. 1 kg/2 lb ukupno
1 kocka goveđeg temeljca
300 ml/½ pt/1¼ šolje kipuće vode
5 ml/1 kašičica soli
25 ml/1½ kašike otopljenog putera ili margarina

Pola pripremljenog povrća rasporedite u slojevima u blago namašćenu posudu za tepsiju od 2,25 quart/4 pt/10 šoljica (holandska rerna). Na vrh stavite kotlete i prekrijte preostalim povrćem. Pokrijte prozirnom folijom (plastičnom folijom) i prerežite dva puta da para izađe. Kuvajte do kraja 15 minuta, okrećući posudu tri puta. Izvadite iz mikrotalasne i otkrijte. Izmrvite kocku bujona u vodu i posolite. Pažljivo sipajte niz stranu tepsije. Po vrhu prelijte puterom ili margarinom. Pokrijte kao i ranije i kuhajte na punoj temperaturi 15 minuta. Ostavite da odstoji 6 minuta prije serviranja.

Jagnjeći hleb sa mentom i ruzmarinom

Server 4

450 g/1 lb/4 šolje mlevene (mlevene) janjetine
1 češanj belog luka, zgnječen
2,5 ml/½ kašičice sušenog izmrvljenog ruzmarina
2,5 ml/½ kašičice sušene mente
30 ml/2 kašike običnog (za sve namene) brašna
2 velika jaja, umućena
2,5 ml/½ kašičice soli
5 ml/1 kašičica smeđeg stolnog sosa
Rendani muškatni oraščić

Lagano podmažite ovalni pleh za torte od 900 ml/1½ pt/3¾ šolje. Pomiješajte sve sastojke osim muškatnog oraščića i ravnomjerno rasporedite u posudu. Pokrijte prozirnom folijom (plastičnom folijom) i prerežite dva puta da para izađe. Kuvajte do kraja 8 minuta, okrećući posudu dva puta. Ostavite 4 minute, a zatim otkrijte i pospite muškatnim oraščićem. Narežite na porcije za serviranje.

Jagnjeći gulaš sa paradajzom

Služi 6

Pripremite kao za pileći paprikaš sa paradajzom, ali otkoštenu i krupno iseckanu jagnjetinu zamenite piletinom.

Lamb Biryani

Servira 4-6

5 mahuna kardamoma
30 ml/2 kašike suncokretovog ulja
450g/1lb isječenog janjećeg filea, isječenog na male kockice
2 čena belog luka, zgnječena
20ml/4 kašičice garam masale
225 g/8 oz/1¼ šolje lagano kuvanog pirinča dugog zrna
600 ml/1 pt/2½ šolje vrućeg pilećeg temeljca
10 ml/2 kašičice soli
125 g/4 oz/1 šolja isečenih (narezanih) badema, tostiranih

Razdvojite mahune kardamoma da uklonite sjemenke, a zatim zgnječite sjemenke tučkom i malterom. Zagrijte ulje u posudi za tepsiju od 1,5 quart/3 pt/7½ šolje (holandska rerna) na punoj temperaturi 1½ minuta. Dodajte jagnjetinu, bijeli luk, sjemenke kardamoma i garam masalu. Dobro promiješajte i rasporedite po rubu posude, ostavljajući malu rupu u sredini. Pokrijte prozirnom folijom (plastičnom folijom) i prerežite dva puta da para izađe. Kuvajte na punoj temperaturi 10 minuta. Otkrijte i umiješajte pirinač, temeljac i sol, poklopite kao i prije i kuhajte na punoj temperaturi 15 minuta. Ostavite 3 minute, a zatim izlijte na tople tanjire i svaki dio pospite bademima.

Garnished Biriani

Servira 4-6

Pripremite kao za birijane od jagnjetine, ali biriane rasporedite na zagrijani tanjir za serviranje i ukrasite seckanim tvrdo kuvanim (tvrdo kuvanim) jajima, kriškama paradajza, listovima korijandera (korijandera) i prženim (pirjanim) seckanim lukom.

Musaka

Servira 6-8

Trebat će vam malo strpljenja da skuhate ovaj višeslojni grčki klasik na bazi janjetine, ali rezultati su vrijedni truda. Poširane kriške patlidžana (patlidžana) čine ovo manje bogatim i lakšim za varenje od nekih verzija.

Za slojeve patlidžana:
675 g/1½ lb patlidžana
75 ml/5 kašika vrele vode
5 ml/1 kašičica soli
15 ml/1 kašika svežeg limunovog soka

Za slojeve mesa:

40 g/1½ oz/3 kašike putera, margarina ili maslinovog ulja

2 glavice luka, sitno iseckana

1 češanj belog luka, zgnječen

350g/12oz/3 šolje hladno kuvano mleveno (mleveno) jagnjeće meso

125 g/4 oz/2 šolje mrvica svježeg bijelog hljeba

Sol i svježe mljeveni crni biber

4 paradajza, blanširana, oguljena i narezana

za sos:

425 ml/¾ pt/male 2 šolje punomasnog mleka

40 g/1½ oz/3 kašike putera ili margarina

45 ml/3 kašike običnog (za sve namene) brašna

75 g/3 oz/¾ šolje cheddar sira, narendanog

1 žumanca

Musaka sa krompirom

Servira 6-8

Pripremite kao za musaku, ali patlidžane (patlidžane) zamijenite narezanim kuhanim krompirom.

Quick Moussaka

Servira 3-4

Brza alternativa prihvatljivog ukusa i teksture.

1 patlidžan (patlidžan), cca. 225 g/8 oz
15 ml/1 kašika hladne vode
300 ml/½ pt/1¼ šolje hladnog mleka
300 ml/½ pt/1¼ šolje vode
1 paket instant pire krompira za serviranje 4
225 g/2 šolje hladno kuvanog mlevenog (mlevenog) jagnjećeg mesa
5 ml/1 kašičica sušenog majorana
5 ml/1 kašičica soli
2 čena belog luka, zgnječena
3 paradajza, blanširana, oguljena i narezana
150 ml/¼ pt/2/3 šolje gustog grčkog jogurta

1 jaje

Sol i svježe mljeveni crni biber

50 g/2 oz/½ šolje cheddar sira, narendanog

Na vrh i rep patlidžana i prepolovite po dužini. Stavite ih u plitku posudu, odrežite stranice na vrhu i poprskajte hladnom vodom. Pokrijte prozirnom folijom (plastičnom folijom) i prerežite dva puta da para izađe. Kuvajte na punoj temperaturi 5½-6 minuta dok ne omekša. Ostavite 2 minute, a zatim ocijedite. Mlijeko i vodu sipajte u činiju i umiješajte osušeni krompir, poklopite tanjirom i kuhajte na punoj temperaturi 6 minuta. Dobro promiješajte, pa umiješajte jagnjetinu, mažuran, sol i bijeli luk, a neoljušteni patlidžan narežite. Ređajte naizmjenične slojeve kriški patlidžana i mješavine krompira u podmazanu posudu za pečenje od 2,25 litara/4 pt/10 šoljica (holandska rerna), koristeći polovinu kriški paradajza da formirate 'fil za sendviče' u sredini. Pokrijte preostalim kriškama paradajza. Umutiti jogurt i jaja i probati. Prelijte preko paradajza i pospite sirom. Pokrijte prozirnom folijom kao i ranije. Kuvajte na punoj temperaturi 7 minuta. Pre serviranja otkriti i zapeći na vrućem roštilju (brojler).

Jagnjeće meso

Server 4

Pripremite kao za osnovno mleveno meso, ali mleveno (mleveno) jagnjetinu zamenite mlevenom govedinom.

Shepherd's Pie

Server 4

Pripremite kao i za osnovno mljeveno meso, ali janjetinu zamijenite govedinom. Ohladite do mlakog, a zatim prebacite u podmazan pleh za pitu od 1/1¾ pt/4½ šolje. Na vrh stavite 750g/1½lb vrućeg pire krompira kremastog sa 15-30ml/1-2tbsp putera ili margarina i 60ml/4tbsp vrućeg mlijeka. Dobro začinite solju i svježe mljevenim crnim biberom. Rasporedite po mešavini mesa, a zatim razmutite viljuškom. Ponovo zagrijte, nepokriveno, na punoj temperaturi 2-3 minute ili zapečite na vrućem roštilju (brojleri).

Seoska džigerica u crnom vinu

Server 4

25 g/1 oz/2 kašike putera ili margarina
2 glavice luka, izrendana
450g/1lb jagnjeće jetre, narezane na tanke trakice
15 ml/1 kašika običnog (za sve namene) brašna
300 ml/½ pt/1¼ šolje crnog vina
15 ml/1 kašika tamnog mekog smeđeg šećera
1 goveđi temeljac na kockice, izmrvljeni
30 ml/2 kašike seckanog peršuna
Sol i svježe mljeveni crni biber
Kuvani krompir premazan puterom i lagano kuvani seckani kupus, za serviranje

U duboku posudu prečnika 25 cm/10 stavite puter ili margarin. Otopite, nepokriveno, na otapanju 2 minuta. Umiješajte luk i džigericu.Pokrijte tanjirom i kuhajte na punoj temperaturi 5 minuta. Umiješajte sve preostale sastojke osim soli i bibera. Pokrijte tanjirom i kuvajte na punoj temperaturi 6 minuta, dva puta mešajući. Ostavite 3 minute. Začinite po ukusu i poslužite sa kuvanim krompirom i kupusom premazanim puterom.

Jetrica i slanina

Servira 4-6

2 glavice luka, izrendana
8 komada slanine (kriški), krupno iseckanih
450g/1lb jagnjeće džigerice, isečene na male kockice
45 ml/3 kašike kukuruznog brašna (kukuruzni skrob)
60 ml/4 kašike hladne vode
150 ml/¼ pt/2/3 šolje kipuće vode
Sol i svježe mljeveni crni biber

Stavite luk i slaninu u posudu za tepsiju od 1,75 litre/3 pt/7½ šolje (holandska rerna). Kuvajte otklopljeno do punog stepena 7 minuta, dva puta promešajte. Umešati džigericu, poklopiti tanjirom i kuvati na punoj temperaturi 8 minuta, mešajući tri puta. Pomiješajte kukuruzno brašno sa hladnom vodom u glatku pastu. Umiješajte džigericu i luk, pa postepeno ulijte kipuću vodu, poklopite tanjirom i kuhajte na punoj temperaturi 6 minuta, miješajući tri puta. Ostavite 4 minute. Probajte i poslužite.

Jetrica i slanina sa jabukom

Servira 4-6

Pripremite kao za džigericu i slaninu, ali 1 stolnu (dezertnu) jabuku, oguljenu i narendanu, zamijenite jednom od crnog luka. Polovinu kipuće vode zamijenite sokom od jabuke sobne temperature.

Bubrezi u crnom vinu sa rakijom

Server 4

6 paralizovanih bubrega
30 ml/2 kašike putera ili margarina
1 glavica luka, sitno iseckana
30 ml/2 kašike običnog (za sve namene) brašna
150 ml/¼ pt/2/3 šolje suvog crnog vina
2 goveđe kocke
50g/2oz šampinjona, narezanih
10 ml/2 kašičice paradajz pirea (paste)
2,5 ml/½ kašičice paprike
2,5 ml/½ kašičice senfa u prahu
30 ml/2 kašike seckanog peršuna
30 ml/2 kašike rakije

Ogulite i prepolovite bubrege, a zatim izrežite jezgre i bacite ih oštrim nožem. Narežite veoma tanko. Otopite polovinu putera nepokrivenog u odmrzivaču 1 minut. Umiješajte bubrege i ostavite sa strane. Stavite preostali puter i luk u posudu od 1,5 litara/2½ pt/6 šoljica. Kuvajte otklopljeno do punog stepena 2 minuta, jednom promešajte. Umiješajte brašno, zatim vino. Kuvajte, otklopljeno, na punoj temperaturi 3 minute, brzo miješajući svaki minut. Izmrviti u bujon kockice, pa umiješati šampinjone, paradajz pire, papriku, senf i bubrege sa puterom ili margarinom. Dobro promešati. Pokrijte prozirnom folijom (plastičnom folijom) i prerežite dva puta da para izađe. Kuvajte na punoj temperaturi 5 minuta, okrećući jednom. Ostavite 3 minute, a zatim otkrijte i pospite peršunom. Zagrijte rakiju u šolji na punoj temperaturi 10-15 sekundi. Prelijte mješavinom bubrega i zapalite.

Odresci divljači sa bukovačama i plavim sirom

Server 4

*Sol i svježe mljeveni crni biber
8 malih odrezaka od divljači
5 ml/1 kašičica bobica kleke, smrvljenih
5 ml/1 kašičica provansalskog bilja
30 ml/2 kašike maslinovog ulja
300 ml/½ pt/1¼ šolje suvog crnog vina
60 ml/4 kašike bogatog goveđeg temeljca
60ml/4 kašike džina
1 glavica luka, nasjeckana
225g/8oz gljive bukovače, obrezane i narezane
250 ml/1 šolja pojedinačne (lagane) kreme
30 ml/2 kašike želea od ribizle (bistro očuvano)*

60 ml/4 kašike plavog sira, izmrvljenih
30 ml/2 kašike seckanog peršuna

Začinite divljač po ukusu, zatim umiješajte bobice kleke i provansalsko bilje. Zagrijte ulje u posudi za zapečenje na punoj 2 minute. Dodajte odreske i kuhajte otklopljeno 3 minute, okrećući jednom. Dodajte vino, čorbu, džin, luk, pečurke, kajmak i žele od ribizle. Pokrijte prozirnom folijom (plastičnom folijom) i prerežite dva puta da para izađe. Kuvajte na srednjoj temperaturi 25 minuta, okrećući posudu četiri puta. Umiješajte sir, pokrijte pločom otpornom na toplotu i kuhajte na punoj temperaturi 2 minute. Ostavite 3 minute, a zatim otvorite i poslužite ukrašeno peršunom.

.

Priprema male tjestenine

Slijedite upute za kuhanje velike tjestenine, ali kuhajte samo 4-5 minuta. Pokrijte i ostavite 3 minute, a zatim ocijedite i poslužite.

Kineska salata od rezanaca i gljiva sa orasima

Služi 6

30 ml/2 kašike susamovog ulja
175g/6oz šampinjona, narezanih
250g/9oz rezanci od jaja
7,5 ml/1½ kašičice soli
75 g/3 oz/¾ šolje seckanih oraha

5 mladog luka (mladog luka), nasjeckanog
30 ml/2 kašike soja sosa

Zagrijte ulje nepokriveno tokom odmrzavanja 2½ minute. Dodajte pečurke. Pokrijte tanjirom i kuvajte na punoj temperaturi 3 minuta, dva puta mešajući. Ostavite na stranu. Stavite rezance u veliku zdjelu i dodajte dovoljno kipuće vode da bude 5 cm/2 iznad razine tjestenine. Posolite i kuhajte otklopljeno 4-5 minuta dok rezanci ne nabubre i ne omekšaju. Ocijedite i ostavite da se ohladi. Umiješajte preostale sastojke, uključujući i gljive, i dobro promiješajte.

Pepper makaroni

Server 2

300 ml/½ pt/1¼ šolje soka od paradajza
125 g/4 oz/1 šolja makarona za laktove
5 ml/1 kašičica soli
30 ml/2 kašike belog vina, zagrejano
1 manja crvena ili zelena paprika, očišćena od sjemenki i nasjeckana
45 ml/3 kašike maslinovog ulja
75 g/3 oz/¾ šolje Gruyère (švajcarski) ili ementalski sir, rendani
30 ml/2 kašike seckanog peršuna

Sipajte sok od paradajza u posudu od 1,25 litara/2¼ pt/5½ šolje. Pokrijte tanjirom i zagrevajte do punog stepena 3½-4 minuta, dok se jako ne zagreje i ne počne da pušta mehuriće. Umiješajte sve preostale sastojke osim sira i peršuna. Pokrijte kao i prije i kuhajte na punoj temperaturi 10 minuta, dva puta miješajući. Ostavite 5 minuta. Pospite sirom i peršunom. Zagrijati, nepokriveno, na punoj cca. 1 minut dok se sir ne otopi.

Porodični makaroni sir

Servira 6-7

Radi praktičnosti, ovaj recept je za obrok za veliku porodicu, ali sve ostatke možete ponovo podgrijati u mikrovalnoj pećnici.

350 g/12 oz/3 šoljice makarona za laktove
10 ml/2 kašičice soli
30 ml/2 kašike kukuruznog brašna (kukuruzni skrob)
600 ml/1 pt/2½ šolje hladnog mleka
1 jaje, umućeno
10 ml/2 kašičice napravljenog senfa
Svježe mljeveni crni biber
275g/10oz/2½ šolje cheddar sira, narendanog

Stavite makarone u dublju posudu. Posolite i umiješajte toliko kipuće vode da bude 5 cm/2 iznad razine tjestenine. Kuvati otklopljeno, na punoj temperaturi cca. 10 minuta dok ne omekša, tri puta promešajte. Ocijedite ako je potrebno. a zatim ostaviti dok se sos priprema. U posebnoj velikoj posudi ravnomerno pomešati kukuruzno brašno sa malo hladnog mleka, pa umešati ostatak.Kuvati otklopljeno na punoj temperaturi 6-7 minuta dok se ravnomerno ne zgusne, mešajući svaki minut. Umiješajte jaje, senf i biber, zatim dvije trećine sira i sve makarone. Dobro izmiješajte viljuškom. Ravnomerno rasporedite u podmazanu posudu prečnika 30 cm/12. Po vrhu pospite preostali sir. Ponovo zagrijte, nepokriveno, na punoj temperaturi 4-5 minuta. Ako volite, pre serviranja brzo propržite na vrućem roštilju (brojleri).

Klasični makaroni sir

Servira 4-5

Ova verzija je nešto bogatija od Family Macaroni Cheese i podložna je brojnim varijantama.

225 g/2 šolje makarona za laktove
7,5 ml/1½ kašičice soli
30 ml/2 kašike putera ili margarina
30 ml/2 kašike običnog (za sve namene) brašna
300 ml/½ pt/1¼ šolje mleka
225 g/2 šolje cheddar sira, narendanog
5–10 ml/1–2 kašičice pripremljenog senfa
Sol i svježe mljeveni crni biber

Stavite makarone u dublju posudu. Posolite i umiješajte toliko kipuće vode da bude 5 cm/2 iznad razine tjestenine. Kuvajte, otklopljeno, na punoj temperaturi 8-10 minuta dok ne omekša, promešajte dva ili tri puta. Stavite u mikrotalasnu na 3-4 minuta. Ocijedite ako je potrebno. a zatim ostaviti dok se sos priprema. Otopite puter ili margarin bez poklopca prilikom odmrzavanja 1-1½ minuta. Umiješajte brašno, pa postepeno umiješajte mlijeko, kuhajte otklopljeno 6-7 minuta dok se ne zgusne, miješajući svaki minut. Umiješajte dvije trećine sira, zatim senf i začine, pa makarone. Ravnomerno rasporedite u posudu prečnika 20 cm/8. Pospite preostalim sirom. Ponovo zagrijte, nepokriveno, na punoj temperaturi 3-4 minute. Ako volite, pre serviranja brzo propržite na vrućem roštilju (brojleri).

Makaroni sir sa stiltonom

Servira 4-5

Pripremite se kao za klasični makaroni sir, ali polovinu cheddar sira zamijenite sa 100g/3½oz/1 šoljicom izmrvljenih Stiltona.

Makaroni sir sa slaninom

Servira 4-5

Pripremite kao za klasični makaroni sir, ali umiješajte 6 rezova (kriški) slanine sa trakama, pečenih na roštilju (pržene) dok ne postanu hrskave, a zatim izmrvljene, sa senfom i začinima.

Makaroni sir sa paradajzom

Servira 4-5

Pripremite kao za klasični makaroni sir, ali dodajte sloj kriški paradajza od cca. 3 pelata na testeninu pre nego što pospite preostalim sirom.

Spaghetti Carbonara

Server 4

75 ml/5 kašika duple (teške) pavlake
2 velika jaja
100 g/4 oz/1 šolja parmske šunke, mljevene
175 g/6 oz/1½ šolje rendanog parmezana
350g/12oz špageta ili druge velike tjestenine

Umutiti pavlaku i jaja. Umiješajte šunku i 90ml/6 žlica parmezana. Skuvajte špagete prema uputama. Ocijedite i stavite u posudu za serviranje. Dodajte smjesu s kremom i sve zajedno sa dvije drvene viljuške ili kašike preklopite. Pokrijte kuhinjskim papirom i zagrijte do kraja 1½ minuta. Poslužite svaku porciju prelivenu preostalim parmezanom.

Makaroni sir u stilu pice

Servira 4-5

225 g/2 šolje makarona za laktove
7,5 ml/1½ kašičice soli
30 ml/2 kašike putera ili margarina
30 ml/2 kašike običnog (za sve namene) brašna
300 ml/½ pt/1¼ šolje mleka
125 g/4 oz/1 šolja cheddar sira, naribanog
125 g/4 oz/1 šolja mocarela sira, iseckanog
5–10 ml/1–2 kašičice pripremljenog senfa
Sol i svježe mljeveni crni biber

212 g/7 oz/1 mala konzerva tune u ulju, ocijeđena i rezervisana u ulju
12 crnih maslina bez koštica, narezanih na ploške
1 konzerva pimiento, narezana
2 paradajza, blanširana, oguljena i sitno iseckana
5–10 ml/1–2 kašičice crvenog ili zelenog pesta (opciono)
Listovi bosiljka, za ukras

Stavite makarone u dublju posudu. Posolite i umiješajte toliko kipuće vode da bude 5 cm/2 iznad razine tjestenine. Kuvajte, otklopljeno, na punoj temperaturi 8-10 minuta dok ne omekša, promešajte dva ili tri puta. Stavite u mikrotalasnu na 3-4 minuta. Ocijedite ako je potrebno. a zatim ostaviti dok se sos priprema. Otopite puter ili margarin bez poklopca prilikom odmrzavanja 1-1½ minuta. Umiješajte brašno, pa postepeno umiješajte mlijeko, kuhajte otklopljeno 6-7 minuta dok se ne zgusne, miješajući svaki minut. Umiješajte dvije trećine svakog sira, zatim senf i začine. Umiješajte makarone, tunjevinu, 15 ml/1 žlica ulja od tunjevine, masline, pimiento, paradajz i pesto, ako koristite. Ravnomerno rasporedite u posudu prečnika 20 cm/8. Pospite preostalim sirevima. Ponovo zagrijte, nepokriveno, na punoj temperaturi 3-4 minute. Ako zelis

Špageti krem sa mladim lukom

Server 4

150 ml/¼ pt/2/3 šolje duple (teške) kreme
1 žumanca
150 g/5 oz/1¼ šolje rendanog parmezana

8 mladog luka (mladog luka), sitno iseckanog
Sol i svježe mljeveni crni biber
350g/12oz špageta ili druge velike tjestenine

Umutiti pavlaku, žumance, 45 ml/3 kašike parmezana i mladi luk. Začinite dobro po ukusu. Skuvajte špagete prema uputstvu. Ocijedite i stavite u posudu za serviranje. Dodajte smjesu s kremom i sve zajedno sa dvije drvene viljuške ili kašike preklopite. Pokrijte kuhinjskim papirom i zagrijte do kraja 1½ minuta. Ostatak parmezana ponudite posebno.

Špagete bolonjez

Servira 4-6

450 g/1 lb/4 šolje nemasne mlevene (mlevene) govedine
1 češanj belog luka, zgnječen
1 veći luk, narendani
1 zelena paprika sa sjemenkama i sitno nasjeckana
5 ml/1 kašičice italijanskih začina ili mešavine sušenog bilja
400g/14oz/1 velika konzerva seckanog paradajza
45 ml/3 kašike paradajz pirea (paste)
1 kocka goveđeg temeljca
75 ml/5 kašika crnog vina ili vode
15 ml/1 kašika tamnog mekog smeđeg šećera
5 ml/1 kašičica soli

Svježe mljeveni crni biber

350g/12oz svježe kuhanih i ocijeđenih špageta ili druge tjestenine

Rendani parmezan

Pomiješajte govedinu sa bijelim lukom u posudi od 1,75 litara/3 pt/7½ šolje. Kuvajte otklopljeno do kraja 5 minuta. Umiješajte sve preostale sastojke osim soli, bibera i špageta. Pokrijte tanjirom i kuhajte na punoj temperaturi 15 minuta, četiri puta miješajte viljuškom da se meso razbije. Ostavite 4 minute. Začinite solju i biberom i poslužite uz špagete. Parmezan ponudite zasebno.

Špageti sa purećom bolonjez sosom

Server 4

Pripremite kao za špagete bolonjeze, ali junetinu zamijenite mljevenom (mljevenom) ćuretinom.

Špageti sa ragu sosom

Server 4

Tradicionalni i ekonomičan sos, prvi put korišćen u Engleskoj u Soho tratorijama ubrzo nakon Drugog svetskog rata.

20 ml/4 kašičice maslinovog ulja

1 veliki luk, sitno isečen

1 češanj belog luka, zgnječen

1 mala šargarepa, narendana

250g/8oz/2 šolje nemasne mlevene (mlevene) govedine

10 ml/2 kašičice običnog (za sve namene) brašna

15 ml/1 kašika paradajz pirea (paste)

300 m/½ pt/1¼ šolje goveđeg temeljca

45 ml/3 kašike suvog belog vina

1,5ml/¼ kašičice sušenog bosiljka

1 mali lovorov list

175g/6oz pečuraka, grubo nasjeckanih

Sol i svježe mljeveni crni biber
350g/12oz svježe kuhanih i ocijeđenih špageta ili druge tjestenine
Rendani parmezan

Stavite ulje, luk, beli luk i šargarepu u posudu od 1,75 litara/3 pt/7½ šolje. Toplo, nepokriveno, na punoj temperaturi 6 minuta. Dodajte sve preostale sastojke osim soli, bibera i špageta. Pokrijte tanjirom i kuvajte na punoj temperaturi 11 minuta, mešajući tri puta. Ostavite 4 minute. Začinite solju i biberom, uklonite lovorov list i poslužite uz špagete. Parmezan ponudite zasebno.

Špageti sa puterom

Server 4

350g/12oz tjestenine
60 ml/4 kašike putera ili maslinovog ulja
Rendani parmezan

Skuvajte testeninu prema uputstvu. Ocijedite i stavite u veliku posudu s puterom ili maslinovim uljem. Mutite sa dve kašike dok se testenina dobro ne obloži. Sipajte ih na četiri topla tanjira i na svaki stavite rendani parmezan.

Testenina sa belim lukom

Server 4

350g/12oz tjestenine
2 čena belog luka, zgnječena
50g/2oz putera
10 ml/2 kašičice maslinovog ulja
30 ml/2 kašike seckanog peršuna
Rendani parmezan
Listovi rukole ili radića, isjeckani

Skuvajte testeninu prema uputstvu. Zagrijte bijeli luk, puter i ulje na punoj temperaturi 1½ minute. Umiješajte peršun, ocijedite tjesteninu i stavite u posudu. Dodajte smesu od belog luka i sve zajedno izmešajte sa dve drvene kašike. Poslužite odmah posuto parmezanom i ukrašeno naribanim listovima rukole ili radića.

Špageti sa govedinom i mešanim povrćem Bolonjez sosom

Server 4

30 ml/2 kašike maslinovog ulja

1 veliki luk, sitno isečen

2 čena belog luka, zgnječena

4 komada (kriške) slanine sa prugama, nasjeckane

1 stabljika celera, nasjeckana

1 šargarepa, narendana

125g/4oz pečuraka, tanko narezanih

225 g/2 šolje nemasne mlevene (mlevene) govedine

30 ml/2 kašike običnog (za sve namene) brašna

1 vinska čaša suhog crnog vina

150 ml/¼ pt/2/3 šolje pasate (prosejanog paradajza)

60 ml/4 kašike goveđeg temeljca

2 veća paradajza, blanširana, oguljena i iseckana

15 ml/1 kašika tamnog mekog smeđeg šećera

1,5 ml/¼ kašičice rendanog muškatnog oraščića
15 ml/1 kašika seckanog lista bosiljka
Sol i svježe mljeveni crni biber
350g/12oz svježe kuhanih i ocijeđenih špageta
Rendani parmezan

Stavite ulje, luk, beli luk, slaninu, celer i šargarepu u posudu od 2 litre/3½ pt/8½ šolje. Dodajte gljive i meso. Kuvajte otklopljeno do punog stepena 6 minuta, dva puta promešajte viljuškom da se meso razbije. Umiješajte sve preostale sastojke osim soli, bibera i špageta. Pokrijte tanjirom i kuvajte na punoj temperaturi 13-15 minuta, mešajući tri puta. Ostavite 4 minute. Začinite solju i biberom i poslužite uz testeninu. Parmezan ponudite zasebno.

Špageti sa mesnim sosom i vrhnjem

Server 4

Pripremite kao za špagete sa govedinom i mešanim povrćem bolonjez sosom, ali na kraju umešajte 30-45ml/2-3 kašike duple (teške) pavlake.

Špageti sa marsala sosom od mesa

Server 4

Pripremite kao za špagete sa govedinom i mešanim povrćem bolonjez sosom, ali vino zamenite marsalom i na kraju dodajte 45ml/3 kašike sira Marskapone.

Pasta alla Marinara

Server 4

To znači 'mornarski stil' i dolazi iz Napulja.
30 ml/2 kašike maslinovog ulja
3-4 čena belog luka, zgnječena
8 većih paradajza, blanširanih, oguljenih i iseckanih
5 ml/1 kašičica sitno iseckane mente
15 ml/1 kašika sitno iseckanog lista bosiljka
Sol i svježe mljeveni crni biber
350g/12oz svježe kuhane i ocijeđene tjestenine
Rendani pecorino ili parmezan za serviranje

Stavite sve sastojke osim tjestenine u posudu od 1,25 litara/2¼ pt/5½ šolje. Pokrijte tanjirom i kuvajte na punoj temperaturi 6-7 minuta, mešajući tri puta. Poslužite uz tjesteninu i posebno ponudite pecorino ili parmezan.

Pasta Matriciana

Server 4

Rustikalni umak za tjesteninu iz središnje regije Abruco u Italiji.

30 ml/2 kašike maslinovog ulja
1 glavica luka, nasjeckana
5 rezica (kriški) nedimljene slanine, krupno iseckane
8 paradajza, blanširanih, oguljenih i iseckanih
2-3 čena belog luka, zgnječena
350g/12oz svježe kuhane i ocijeđene tjestenine
Rendani pecorino ili parmezan za serviranje

Stavite sve sastojke osim tjestenine u posudu od 1,25 litara/2¼ pt/5½ šolje. Pokrijte tanjirom i kuvajte na punoj temperaturi 6 minuta, dva puta mešajući. Poslužite uz tjesteninu i posebno ponudite pecorino ili parmezan.

Tjestenina sa tunjevinom i kaparima

Server 4

15 ml/1 kašika putera
200g/7oz/1 mala konzerva tunjevine u ulju
60 ml/4 kašike povrtnog temeljca ili belog vina
15 ml/1 kašika kapara, iseckanih
30 ml/2 kašike seckanog peršuna
350g/12oz svježe kuhane i ocijeđene tjestenine
Rendani parmezan

Stavite puter u posudu od 600 ml/1 pt/2½ šolje i rastopite otklopljeno odmrzavanje 1½ minuta. Dodajte sadržaj konzerve tunjevine i ispecite ribu. Umiješajte temeljac ili vino, kapare i peršun. Pokrijte tanjirom i zagrijavajte na punoj temperaturi 3-4 minute. Poslužite uz tjesteninu i posebno ponudite parmezan.

Pasta Napoletana

Server 4

Ovaj kitnjasti napuljski sos od paradajza, toplog i šarenog ukusa, najbolje se pravi ljeti, kada je paradajza najviše.

8 većih zrelih paradajza, blanširanih, oguljenih i sitno iseckanih
30 ml/2 kašike maslinovog ulja
1 glavica luka, nasjeckana
2-4 čena belog luka, zgnječena
1 list celera, sitno isečen
15 ml/1 kašika seckanog lista bosiljka
10 ml/2 kašičice mekog smeđeg šećera
60 ml/4 kašike vode ili crnog vina
Sol i svježe mljeveni crni biber
30 ml/2 kašike seckanog peršuna
350g/12oz svježe kuhane i ocijeđene tjestenine
Rendani parmezan

Stavite paradajz, ulje, luk, beli luk, celer, bosiljak, šećer i vodu ili vino u posudu od 1,25 litara/2¼ pt/5½ šolje. Dobro promiješajte. Pokrijte tanjirom i kuvajte na punoj temperaturi 7 minuta, dva puta mešajući. Začinite po ukusu, zatim umiješajte peršun.Poslužite odmah uz tjesteninu i posebno ponudite parmezan.

Pasta Pizzaiola

Server 4

Pripremite kao za Pasta Napoletana, ali povećajte paradajz na 10, izostavite luk, celer i vodu i koristite duplu količinu peršuna. Dodajte 15 ml/1 kašiku svežeg ili 2,5 ml/½ kašičice sušenog origana sa peršunom.

Testenina sa graškom

Server 4

Pripremite kao za Pasta Napoletana, ali dodajte 125g/4oz/1 šolju grubo iseckane šunke i 175g/6oz/1½ šolje svežeg graška u paradajz sa ostalim sastojcima. Kuvajte 9-10 minuta.

Testenina sa sosom od pileće džigerice

Server 4

225g/8oz pilećih jetrica
30 ml/2 kašike običnog (za sve namene) brašna
15 ml/1 kašika putera
15 ml/1 kašika maslinovog ulja
1-2 čena belog luka, zgnječena

125g/4oz pečuraka, narezanih
150 ml/¼ pt/2/3 šolje tople vode
150 ml/¼ pt/2/3 šolje suvog crnog vina
Sol i svježe mljeveni crni biber
350g/12oz tjestenine, svježe kuhane i ocijeđene

Testenina sa inćunima

Server 4

30 ml/2 kašike maslinovog ulja
15 ml/1 kašika putera
2 čena belog luka, zgnječena
50g/2oz/1 mala konzerva fileta inćuna u ulju
45 ml/3 kašike seckanog peršuna
2,5 ml/½ kašičice sušenog bosiljka
Svježe mljeveni crni biber
350g/12oz svježe kuhane i ocijeđene tjestenine

Stavite ulje, puter i beli luk u posudu od 600 ml/1 pt/2½ šolje. Nasjeckajte inćune i dodajte ulje iz konzerve. Umiješajte peršun, bosiljak i biber po ukusu. Pokrijte tanjirom i kuvajte na punoj temperaturi 3-3½ minuta. Poslužite odmah uz testeninu.

Ravioli sa sosom

Server 4

350g/12oz/3 šolje raviola

Skuvajte kao za veliku pastu, a zatim poslužite sa jednim od gornjih sosova za testeninu na bazi paradajza.

Tortellini

Server 4

Dozvolite cca. 250g/9oz kupljenih tortelina i kuhajte kao za veliku svježu ili sušenu tjesteninu. Dobro ocijedite, dodajte 25g/1oz/2tbsp neslanog (slatkog) putera i dobro promiješajte. Poslužite svaku porciju posutu rendanim parmezanom.

Lazanje

Servira 4-6

45 ml/3 kašike tople vode
Špageti bolonjez sos
9-10 tanjira koji ne moraju biti prethodno kuvane obične, zelene (verdi) ili smeđe (od celog zrna) lazanje
Cheese sos
25 g/1 oz/¼ šolje rendanog parmezana
30 ml/2 kašike putera
Rendani muškatni oraščić

Ulje ili puter 20cm/8 u kvadratnoj posudi. Dodajte vrelu vodu u Bolonjez sos. Na dno posude stavite sloj listova za lazanje, zatim sloj bolonjeze sosa, pa sloj sosa od sira. Nastavite sa slojevima, završite sosom od sira. Pospite parmezanom, poprskajte puterom i pospite muškatnim oraščićem. Kuvajte otklopljeno 15 minuta, okrećući posudu dva puta. Ostavite 5 minuta, a zatim nastavite kuhati još 15 minuta, ili dok lazanje ne omekša kada se nož uvuče kroz sredinu. (Vrijeme kuhanja će varirati ovisno o početnoj temperaturi dva sosa.)

Pizza Napoletana

Uradite 4

Mikrovalna pećnica odlično radi na pizzama koje podsjećaju na one koje možete pronaći u cijeloj Italiji, a posebno u Napulju.

30 ml/2 kašike maslinovog ulja
2 glavice luka, oljuštene i sitno iseckane
1 češanj belog luka, zgnječen
150 g/5 oz/2/3 šolje paradajz pirea (tjestenine)
Osnovno testo za beli ili smeđi hleb
350 g/12 oz/3 šolje Mocarela sira, narendanog
10 ml/2 kašičice sušenog origana
50g/2oz/1 mala konzerva fileta inćuna u ulju

Ulje, luk i beli luk, nepoklopljene, kuvajte na punoj temperaturi 5 minuta, dva puta mešajući. Umiješajte paradajz pire i ostavite sa strane. Testo podeliti podjednako na četiri dela. Svaku razvaljajte u krug dovoljno velik da prekrije nauljeni i pobrašnjeni 20cm/8 ravan tanjir. Pokrijte kuhinjskim papirom i ostavite 30 minuta. Svaku premažite smjesom od paradajza. Pomiješajte sir sa origanom i ravnomjerno pospite svaku picu. Ukrasite inćunima. Pecite pojedinačno, pokriveno kuhinjskim papirom, na punoj temperaturi 5 minuta, okrećući dva puta. Jedite odmah.

Pizza Margherita

Uradite 4

Pripremite kao za Pizzu Napoletana, ali sušeni bosiljak zamijenite origanom i izostavite inćune.

Seafood pizza

Uradite 4

Pripremite kao za Pizza Napoletana. Kada je kuhano, prelijte ga kozicama (kozicama), dagnjama, školjkama itd.

Pizza Siciliana

Uradite 4

Pripremite kao za Pizza Napoletana. Kada je kuhano, između inćuna nabodite 18 malih crnih maslina.

Mushroom pizza

Uradite 4

Pripremite kao za pizzu Napoletana, ali pospite 100g/3½oz tanko narezanih šampinjona preko mješavine paradajza prije nego što dodate sir i začinsko bilje. Kuvajte još 30 sekundi.

Pizza sa šunkom i ananasom

Uradite 4

Pripremite kao za pizzu Napoletana, ali pospite 125g/4oz/1 šolju seckane šunke preko mešavine paradajza pre nego što dodate sir i začinsko bilje. Nasjeckajte 2 konzerve kolutova ananasa i rasporedite ih po vrhu pizze. Kuvajte još 45 sekundi.

Pepperoni Pizza

Uradite 4

Pripremite kao za Pizzu Napoletana, ali svaku pizzu prelijte sa 6 tankih kriški kobasice feferona.

Namazani bademi u listićima

Predivan preliv za slatka i slana jela.

15 ml/1 kašika neslanog (slatkog) putera
50 g/2 oz/½ šolje badema u listićima
Obična ili aromatizirana sol ili granulirani šećer (superfin).

Stavite puter u plitku posudu prečnika 20 cm/8. Otopite, nepokriveno, na punoj temperaturi 45-60 sekundi. Dodajte bademe i kuhajte otklopljeno 5-6 minuta dok ne porumene, miješajući i okrećući svake minute. Posuti solju za vrhunska slana jela, granuliranim šećerom za slatko.

Badem u listićima u puteru od belog luka

Pripremite kao za bademe namazane puterom u listićima, ali koristite puter od češnjaka iz prodavnice. Ovo čini pametan preliv za jela kao što je pire krompir, a može se dodati i u kremaste supe.

Sušeni kesteni

Mikrovalna pećnica omogućava da se sušeni kesteni skuvaju i koriste za manje od 2 sata bez namakanja preko noći nakon čega slijedi dugo kuhanje. Takođe, naporan posao pilinga je već urađen za vas.

Operite 250g/8oz/2 šolje sušenih kestena. Sipajte u posudu od 1,75 litara/3 pt/7½ šolje. Umiješajte 600ml/1 pt/2½ šolje kipuće vode.Pokrijte tanjirom i kuhajte na punoj temperaturi 15 minuta, okrećući posudu tri puta. Stavite u mikrotalasnu na 15 minuta.

Ponovite sa istim vremenom kuvanja i odmora. Otkrijte, dodajte još 150 ml/¼ pt/2/3 šolje kipuće vode i promiješajte. Pokrijte kao i prije i kuhajte na punoj temperaturi 10 minuta, dva puta miješajući. Ostavite 15 minuta prije upotrebe.

Sušenje bilja

Ako sami uzgajate začinsko bilje, ali vam je teško da ga sušite u vlažnoj i nepredvidivoj klimi, mikrovalna pećnica će za vas obaviti posao efikasno, efektivno i čisto u najkraćem mogućem roku, tako da u svom godišnjem rodu možete uživati tokom cijele zime mjeseci. Svaka sorta bilja mora se sušiti za sebe kako bi ostala netaknuta aroma. Ako želite kasnije, možete napraviti vlastite mješavine miješanjem nekoliko sušenih biljaka.

Počnite tako što ćete sjeći začinsko bilje s grmlja škarama ili škarama. Povucite listove (iglice u slučaju ruzmarina) sa stabljika i labavo ih spakujte u mjerni vrč od 300 ml/½ pt/1¼ šolje, napunite ga skoro do vrha. Sipajte ih u cjedilo (cjedilo) i brzo i pažljivo isperite pod hladnom tekućom vodom. Dobro ocijedite, a zatim osušite između nabora na čistom, suhom kuhinjskom krpi (krpa za suđe). Na vrh stavite kuhinjski papir dvostruke debljine postavljen direktno na okretni tanjur mikrovalne pećnice. Zagrijte, nepokriveno, na punoj temperaturi 5-6 minuta, lagano pomjerajući začinsko bilje po papiru dva ili tri puta. Čim zazvuče kao šuštanje jesenjeg lišća i izgube svoju jarko zelenu boju, možete pretpostaviti da se bilje osušilo. Ako nije, nastavite sa zagrevanjem 1-1½ minuta. Izvadite iz rerne i ostavite da se ohladi. Osušeno bilje zgnječite tako što ćete ih trljati između ruku. Prebacite u hermetički zatvorene tegle sa čepom i etiketom. Čuvati dalje od jakog svjetla.

Hrskave prezle

Visokokvalitetne blijede krušne mrvice - za razliku od neven-žutih paketića - savršeno se kuhaju u mikrovalnoj pećnici i postaju hrskave i hrskave bez posmeđivanja. Hleb može biti svež ili star, ali potrebno je malo duže da se osuši svež. Izmrvite 3½ velike kriške bijelog ili smeđeg kruha s koricom u sitne mrvice. Mrvice rasporedite u plitku posudu prečnika 25 cm/10. Kuvajte otklopljeno na punoj temperaturi 5-6 minuta, mešajući četiri puta, dok prstima ne osetite da su mrvice suve i hrskave. Ostavite da se ohladi, povremeno mešajući, a zatim čuvajte u hermetički zatvorenoj posudi. Čuvaće se skoro neograničeno na hladnom mestu.

Burgeri od orašastih plodova

Uradite 12

Ovo nikako nije novost, posebno za vegetarijance i vegane, ali kombinacija orašastih plodova daje ovim pljeskavicama jedinstven okus, a hrskava tekstura je podjednako privlačna. Mogu se poslužiti tople sa sosom, hladne sa salatom i majonezom, prepolovljene horizontalno i koristiti kao fil za sendviče ili jesti kao užinu.

30 ml/2 kašike putera ili margarina
125 g/4 oz/1 šolja celih badema bez ljuske
125 g/4 oz/1 šolja komadića pekana
125 g/4 oz/1 šolja indijskih oraščića, tostiranih
125 g/4 oz/2 šolje svježih mekih smeđih prezli
1 srednji luk, izrendani
2,5 ml/½ kašičice soli
5 ml/1 kašičica napravljenog senfa
30 ml/2 kašike hladnog mleka

Otopite puter ili margarin nepokriven do kraja 1-1½ minuta. Orašaste plodove sasvim fino sameljite u blenderu ili procesoru hrane. Izlijte i pomiješajte sa preostalim sastojcima uključujući puter ili margarin. Podijelite na 12 jednakih dijelova i oblikujte u ovale. Rasporedite po rubu velikog podmazanog pleha. Kuvajte otklopljeno do punog stepena 4 minute, okrećući jednom. Ostavite 2 minute.

Nutkin cake

Servira 6-8

Pripremite kao za pljeskavice s orašastim plodovima, ali zamijenite 350g/12oz/3 šolje mljevenih miješanih orašastih plodova po vašem izboru s bademima, pekanima i indijskim oraščićem. Oblikovati okruglu 20cm/8 i staviti na podmazan tanjir. Kuvajte otklopljeno do kraja 3 minuta. Ostavite 5 minuta, a zatim kuhajte na punoj temperaturi još 2½ minute. Ostavite 2 minute. Poslužite toplo ili hladno, isečeno na kockice.

Heljda

Server 4

Poznata i kao saracenski kukuruz i porijeklom iz Rusije, heljda nije u srodstvu ni sa jednim drugim žitaricama. To je mali plod biljke slatkog mirisa ružičaste cvjetnice koja je član porodice porta. Osnova blinija (ili ruskih palačinki), zrno je srdačna, zemljana namirnica i zdrava je zamjena za krompir uz meso i živinu.

175 g/6 oz/1 šolja heljde
1 jaje, umućeno
5 ml/1 kašičica soli
750 ml/1¼ poena/3 šolje kipuće vode

Pomiješajte heljdu i jaja u posudi od 2 quart/3½ pt/8½ šolje. Pecite, otklopljeno, na punoj temperaturi 4 minute, miješajući i razbijajući viljuškom svake minute. Dodajte sol i vodu. Stavite na tanjir u mikrotalasnu pećnicu u slučaju prosipanja i kuvajte otklopljeno do pune 22 minuta, mešajući četiri puta. Pokrijte tanjirom i ostavite 4 minute. Razvucite viljuškom prije serviranja.

bugarski

Servira 6-8

Takođe se naziva burghal, burghul ili napuknuta pšenica, ovo zrno je jedna od osnovnih namirnica na Bliskom istoku. Sada je široko dostupan u supermarketima i prodavnicama zdrave hrane.

225 g/8 oz/1¼ šolje bulgar
600 ml/1 pt/2½ šolje kipuće vode
5–7,5 ml/1–1½ kašičice soli

Stavite bulgar u posudu od 1,75 litara/3 pt/7½ šolje. Tost, nepokriven, na punoj temperaturi 3 minute, miješajući svaki minut. Umutite kipuću vodu i posolite. Pokrijte tanjirom i ostavite 6-15 minuta, u zavisnosti od vrste bulgar-a, dok zrno ne postane al dente, kao testenina. Pugnite viljuškom i jedite toplo ili hladno.

Bulgar sa prženim lukom

Server 4

1 luk, narendani
15 ml/1 kašika masline ili suncokreta
1 količina bugarskog

U manju posudu stavite luk i ulje. Kuvajte otklopljeno do punog stepena 4 minuta, mešajući tri puta. U isto vreme dodajte kuvani bulgar i vodu i so.

Tabbouleh

Server 4

Tamnozeleno obojeno od peršuna, ovo jelo asocira na Liban i jedna je od najapetetnijih salata koje možete zamisliti, savršena pratnja mnogim jelima od vegetarijanskih kotleta s orašastim plodovima do pečene janjetine. Takođe čini atraktivno predjelo, poredano preko zelene salate na pojedinačnim tanjirima.

1 količina bugarskog
120-150 ml/½-2/3 šolje sitno nasjeckanog peršuna s ravnim lišćem
30 ml/2 kašike nasjeckanih listova mente
1 srednji luk, sitno narendan
15 ml/1 kašika maslinovog ulja
Sol i svježe mljeveni crni biber
Listovi zelene salate
Na kockice narezan paradajz, krastavac i crne masline narezane na kockice za ukras

Skuvajte bulgar prema uputstvu. Polovinu količine prebacite u činiju i umiješajte peršun, mentu, luk, ulje i dosta soli i bibera po ukusu. Kada se ohlade rasporedite po listovima salate i lepo ukrasite ukrasom. Preostali bulgar koristite po želji.

Sultanova salata

Server 4

Lični favorit, preliven komadićima feta sira i poslužen sa pita kruhom, čini ga potpunim obrokom.

1 količina bugarskog
1-2 čena belog luka, zgnječena
1 šargarepa, narendana
15 ml/1 kašika iseckanog lista mente
60 ml/4 kašike seckanog peršuna
Sok od 1 većeg limuna, procijeđen
45ml/3 kašike maslinovog ili suncokretovog ulja, ili mešavina oba
Zelena salata
Pečeni bademi i zelene masline, za dekoraciju

Skuhajte bulgar prema uputstvu, zatim umiješajte bijeli luk, šargarepu, mentu, peršun, limunov sok i ulje. Poređajte na tanjir obložen zelenom salatom i pokapajte tostiranim bademima i zelenim maslinama.

Kuskus

Server 4

Kuskus je i žitarica i naziv sjevernoafričkog gulaša od mesa ili povrća. Napravljen od krupice durum pšenice (krema od pšenice), izgleda kao sićušni, savršeno zaobljeni biseri. Nekada su ga ručno radili posvećeni i talentovani domaći kuvari, ali sada je dostupan u pakovanjima i može se pripremiti u trenu, zahvaljujući francuskoj tehnici koja uklanja dosadan i spor zadatak kuhanja na pari. Kus-kus možete zamijeniti bilo kojim jelom napravljenim od bugarštice (stranice 209-10).

250g/9oz/1½ šolje kupljenog kus-kusa
300 ml/½ pt/1¼ šolje kipuće vode
5–10 ml/1–2 kašičice soli

Stavite kus-kus u posudu od 1,75 litara/3 pt/7½ šolje i pecite, nepokriveno, na punoj temperaturi 3 minuta, mešajući svaki minut. Dodajte vodu i sol i promiješajte. Pokrijte tanjirom i kuhajte na punoj temperaturi 1 minut. Ostavite u mikrotalasnoj pećnici 5 minuta. Pre serviranja mopsajte viljuškom.

Griz

Server 4

Griz (griza hominy) je gotovo bijela sjevernoamerička žitarica na bazi kukuruza (kukuruz). Jede se sa toplim mlekom i šećerom ili sa puterom i solju i biberom. Dostupan je u specijalizovanim prodavnicama kao što je Harrods u Londonu.

150 g/5 oz/mala 1 šolja griza
150 ml/¼ pt/2/3 šolje hladne vode
600 ml/1 pt/2½ šolje kipuće vode
5 ml/1 kašičica soli

Stavite griz u posudu od 2,5 litara/4½ pt/11 šoljica. Glatko pomešati sa hladnom vodom, pa umešati kipuću vodu i so. Kuvati otklopljeno na punoj temperaturi 8 minuta, mešajući četiri puta. Pokrijte tanjirom i ostavite 3 minute prije serviranja.

Njoki alla Romana

Server 4

Njoki se često nalaze u italijanskim restoranima, gde se veoma vole. Pravi izdašno i zdravo jelo za ručak ili večeru sa salatom i koristi ekonomične sastojke.

600 ml/1 pt/2½ šolje hladnog mleka
150 g/5 oz/¾ šolje griza (krema od pšenice)
5 ml/1 kašičica soli
50 g/2 oz/¼ šolje putera ili margarina
75 g/3 oz/¾ šolje rendanog parmezana
2,5 ml/½ kašičice kontinentalnog senfa
1,5 ml/¼ kašičice rendanog muškatnog oraščića
1 veće jaje, umućeno
Miješani salat
kečap od paradajza (catsup)

Polovinu hladnog mlijeka glatko pomiješajte sa grizom u posudi od 1,5 litara/2½ pt/6 šoljica. Preostalo mlijeko, nepokriveno, zagrijte 3 minute. Umiješajte griz sa solju. Kuvajte, nepokriveno, na punoj temperaturi 7 minuta dok se ne zgusne, miješajući četiri ili pet puta da smjesa ostane glatka. Izvadite iz mikrotalasne i umiješajte pola putera, pola sira i sve senf, muškatni oraščić i jaje. Kuvajte otklopljeno na punoj temperaturi 1 minut. Pokrijte tanjirom i ostavite 1 minut. Širite u nauljenu ili podmazanu plitku 23cm/9 u četvrtastu posudu. Pokrijte lagano kuhinjskim papirom i ohladite dok se ne stegne i stegne.

Izrežite na kvadrate veličine 2,5 cm/1. Ređati u okrugli pleh 23cm/9 podmazan u kolutove koji se preklapaju. Pospite ostatkom sira, pokapajte listićima preostalog putera i zagrejte u zagrejanoj rerni 15 minuta dok ne porumeni.

Ham Gnocchi

Server 4

Pripremite kao za Gnocchi alla Romana, ali dodajte 75g/3oz/¾ šolje seckane parmske šunke sa vrelim mlekom.

Proso

Servira 4-6

Prijatno i delikatno zrno, srodno sirku, koji je neobična zamena za pirinač. Ako se jede sa mahunarkama (grašak, pasulj i sočivo), obezbeđuje dobro izbalansiran obrok bogat proteinima.

175 g/6 oz/1 šolja prosa
750 ml/1¼ poena/3 šolje kipuće vode ili temeljca
5 ml/1 kašičica soli

Stavite proso u posudu od 2 litre/3½ pt/8½ šolje. Pecite, otklopljeno, na punoj temperaturi 4 minuta, dva puta mešajući. Umiješajte vodu i sol, stavite na tanjir u slučaju prosipanja. Kuvajte otklopljeno do punog stepena 20-25 minuta dok se sva voda ne upije. Pugnite viljuškom i jedite odmah.

Polenta

Služi 6

Blijedožuta žitarica napravljena od kukuruza, slična krupici (krema od pšenice), ali grublja. To je osnovna škrobna hrana u Italiji i Rumuniji, gdje je vrlo cijenjena i često se jede kao dodatak jelima od mesa, peradi, jaja i povrća. Posljednjih godina postao je trendi restoranski specijalitet, često se reže na kvadrate i servira na žaru (prženo) ili prženo (pirjano) sa umacima sličnim onima koji se koriste za špagete.

150g/5oz/¾ šolje palente
5 ml/1 kašičica soli
125 ml/¼ pt/2/3 šolje hladne vode
600 ml/1 pt/2½ šolje kipuće vode ili temeljca

Stavite palentu i sol u posudu od 2 litre/3½ pt/8½ šolje. Glatko izmiksajte sa hladnom vodom. Postepeno umiješati u kipuću vodu ili temeljac.U slučaju prosipanja stati na tanjir. Kuvajte otklopljeno do punog stepena 7-8 minuta dok se ne zgusne, promešajte četiri puta. Pokrijte tanjirom i ostavite 3 minute prije serviranja.

Palenta na žaru

Služi 6

Pripremite se kao za palentu. Kada je pečeno, rasporedite u podmazanu ili nauljenu četvrtastu posudu veličine 23cm/9. Zagladite vrh nožem umočenim u vruću vodu i iz nje. Lagano pokriti kuhinjskim papirom i ostaviti da se potpuno ohladi. Narežite na kvadrate, premažite maslinovim ili kukuruznim uljem i pecite ili pržite na uobičajeni način do zlatno smeđe boje.

Palenta sa pestom

Služi 6

Pripremite kao za palentu, ali u kipuću vodu dodajte 20 ml/4 kašičice crvenog ili zelenog pesta.

Palenta sa sušenim paradajzom ili pastom od maslina

Služi 6

Pripremite kao palentu, ali u kipuću vodu dodajte 45ml/3 kašike paste od sušenog paradajza ili maslina.

Quinoa

Servira 2-3

Prilično novo na sceni zrno bogato proteinima iz Perua sa čudnom hrskavom teksturom i blago dimljenim okusom. Pogodan je za sve namirnice i nova je zamjena za rižu.

125 g/4 oz/2/3 šolje kvinoje

2,5 ml/½ kašičice soli

550 ml/21/3 šolje kipuće vode

Stavite kvinoju u posudu od 1,75 litara/3 pt/7½ šolje. Pecite, otklopljeno, na punoj temperaturi 3 minuta, jednom promešajte. Dodajte sol i vodu i dobro promiješajte. Kuvajte na punoj temperaturi 15 minuta, četiri puta mešajući. Pokrijte i ostavite da odstoji 2 minute.

rumunska palenta

Server 4

Zloglasno bogato rumunsko nacionalno jelo – mamaliga.

1 količina palente

75 g/3 oz/1/3 šolje putera

4 svježe poširana velika jaja

100 g/4 oz/1 šolja feta sira, izmrvljenih
150 ml/¼ pt/2/3 šolje kisele (mlečne) pavlake

Pripremite palentu i ostavite je u posudi u kojoj se kuvala. Umutiti polovinu putera, sipati jednake brežuljke na četiri zagrejane tanjire i u svakom napraviti udubljenje. Napunite jajima, pospite sirom i prelijte preostalim puterom i kremom. Jedite odmah.

Curry pirinač

Server 4

Pogodan kao dodatak većini orijentalnih i azijskih jela, posebno indijskih.

30 ml/2 kašike ulja od kikirikija.
2 glavice luka, sitno iseckana
225 g/8 oz/1 šolja basmati pirinča

2 mala lovorova lista
2 cijela karanfilića
Sjemenke iz 4 mahune kardamoma
30–45 ml/2–3 kašike blagog karija u prahu
5 ml/1 kašičica soli
600 ml/1 pt/2½ šolje kipuće vode ili temeljca od povrća

Stavite ulje u posudu od 2,25 litara/4 pt/10 šoljica. Toplo, nepokriveno, na punoj temperaturi 1 minut. Umiješajte luk i kuhajte otklopljeno 5 minuta. Umiješajte sve preostale sastojke.Pokrijte prozirnom folijom (plastičnom folijom) i prerežite dva puta da para izađe. Kuvajte do kraja 15 minuta, okrećući posudu četiri puta. Ostavite 2 minute. Lagano rasporedite i poslužite.

Tepsija od svježeg sira i pirinča

Servira 3-4

Sjajna mješavina okusa i tekstura donijeta iz Sjeverne Amerike prije nekoliko godina.

225 g/8 oz/1 šolja smeđeg pirinča
50 g/2 oz/¼ šolje divljeg pirinča
1,25 litara/2¼ poena/5½ šolje kipuće vode

10 ml/2 kašičice soli
4 mlada luka (mlada luka), sitno iseckana
1 mali zeleni čili, očišćen od sjemenki i isjeckan
4 paradajza, blanširana, oguljena i narezana
125g/4oz pečuraka, narezanih na kriške
225 g/8 oz/1 šolja svježeg sira
75 g/3 oz/¾ šolje cheddar sira, narendanog

Stavite smeđi i divlji pirinač u posudu od 2,25 litara/4 pt/10 šoljica. Umiješajte vodu i posolite. Pokrijte prozirnom folijom (plastičnom folijom) i dva puta prerežite da para izađe. Kuvajte do kraja 40-45 minuta dok pirinač ne postane pun i omekša. Ocijedite ako je potrebno. i ostaviti po strani. Napunite posudu za tepsiju od 1,75 litara/3 pt/7½ šolje (holandska rerna) sa naizmeničnim slojevima pirinča, luka, čilija, paradajza, pečuraka i mladog sira. Gusto pospite rendanim čedarom. Kuvajte otklopljeno do kraja 7 minuta, okrećući posudu dva puta.

Italian Risotto

Servira 2-3

2,5–5 ml/½–1 kašičice šafrana u prahu ili 5 ml/1 kašičice šafrana
50 g/2 oz/¼ šolje putera
5 ml/1 kašičica maslinovog ulja
1 veći luk, oguljen i narendan
225 g/8 oz/1 šolja lagano kuvanog rižota
600 ml/1 pt/2½ šolje kipuće vode ili pilećeg temeljca

150 ml/¼ pt/2/3 šolje suhog bijelog vina
5 ml/1 kašičica soli
50 g/2 oz/½ šolje rendanog parmezana

Ako koristite šafran, izmrvite ih između prstiju u šoljici jaja tople vode i ostavite 10-15 minuta. Stavite polovinu putera i ulja u posudu od 1,75 litara/3 pt/7½ šolje. Ponovo zagrijte, nepokriveno, odleđivanjem u trajanju od 1 minute. Umiješajte luk i kuhajte otklopljeno 5 minuta. Pomiješajte rižu, vodu ili juhu i vino i niti šafrana s vodom ili šafranom u prahu. Pokrijte prozirnom folijom (plastičnom folijom) i prerežite dva puta da para izađe. Kuvajte do kraja 14 minuta, okrećući posudu tri puta. Pažljivo vilicom umiješajte preostali puter, zatim sol i polovicu parmezana. Kuvajte otklopljeno na punoj temperaturi 4-8 minuta, lagano mešajući viljuškom na svaka 2 minuta, dok pirinač ne upije svu tečnost. Vrijeme kuhanja ovisi o korištenom pirinču.

Rižoto sa pečurkama

Servira 2-3

20g/1oz sušenih gljiva, po mogućnosti vrganja, nalomite na male komadiće, dobro operite pod hladnom tekućom vodom, a zatim potopite 10 minuta u kipuću vodu ili pileći temeljac koji se koristi u italijanskom receptu za rižoto. Postupite kao za italijanski rižoto.

Brazilski pirinač

Servira 3-4

15 ml/1 kašika maslinovog ili kukuruznog ulja
30 ml/2 kašike sušenog luka
225 g/8 oz/1 šolja američkog dugog zrna ili basmati pirinča
5–10 ml/1–2 kašičice soli
600 ml/1 pt/2½ šolje kipuće vode
2 veća paradajza, blanširana, oguljena i iseckana

Sipajte ulje u posudu od 2 litre/3½ pt/8½ šolje. Dodajte sušeni luk. Kuvajte otklopljeno do kraja 1¼ minuta. Umiješajte sve preostale sastojke.Pokrijte prozirnom folijom (plastičnom folijom) i prerežite dva puta da para izađe. Kuvajte do kraja 15 minuta, okrećući posudu četiri puta. Ostavite 2 minute. Lagano rasporedite i poslužite.

španski pirinač

Služi 6

Sjevernoamerički specijalitet koji nema mnogo veze sa Španijom osim dodatka paprike i paradajza! Jedite uz jela od peradi i jaja.

225 g/8 oz/1 šolja lagano kuvanog pirinča dugog zrna
600 ml/1 pt/2½ šolje kipuće vode
10 ml/2 kašičice soli
30 ml/2 kašike kukuruznog ili suncokretovog ulja
2 glavice luka, sitno iseckana
1 zelena paprika, očišćena od jezgre i sitno nasjeckana
400g/14oz/1 velika konzerva seckanog paradajza

Skuvajte pirinač u vodi sa pola soli prema uputstvu. Ostani topao. Sipajte ulje u posudu od 1,75 litara/3 pt/7½ šolje. Toplo, nepokriveno, na punoj temperaturi 1 minut. Umiješajte luk i biber, kuhajte otklopljeno na punoj temperaturi 5 minuta, dva puta miješajući. Umiješajte paradajz. Zagrijte, nepokriveno, na punoj temperaturi 3½ minute. Vruć pirinač pospite preostalom solju i odmah poslužite.

Običan turski pilav

Server 4

225 g/8 oz/1 šolja lagano kuvanog rižota
Kipuća voda ili povrtni temeljac
5 ml/1 kašičica soli
40 g/1½ oz/3 kašike putera

Pirinač skuvajte u kipućoj vodi ili temeljcu sa dodanom soli prema uputstvu. Dodajte puter u posudu ili činiju. Ostavite 10 minuta. Otkrijte i račvajte. Pokrijte tanjirom i zagrijte na punoj temperaturi 3 minute.

Bogati turski pilaf

Server 4

225 g/8 oz/1 šolja lagano kuvanog rižota
Ključala voda
5 ml/1 kašičica soli
5 cm/2 u komadu štapića cimeta
40 g/1½ oz/3 kašike putera
15 ml/1 kašika maslinovog ulja
2 glavice luka, sitno iseckana
60 ml/4 kašike prženih pinjola
25g/1oz jagnjeće ili pileće džigerice, isečene na male komadiće
30 ml/2 kašike ribizle ili grožđica
2 paradajza, blanširana, oguljena i iseckana

Skuvajte pirinač u vodi i soli u velikoj posudi ili posudi prema uputstvu sa dodatkom štapića cimeta. Ostavite na stranu. Stavite puter i ulje u posudu od 1,25 litara/2¼ pt/5½ šolje i zagrevajte, nepokriveno, na punoj temperaturi 1 minut. Umiješajte sve preostale sastojke, pokrijte tanjirom i kuhajte na punoj temperaturi 5 minuta, dva puta miješajući. Viljuškom lagano umiješajte vrući pirinač. Pokrijte kao i prije i ponovo zagrijte do kraja 2 minute.

Tajlandski pirinač sa limunskom travom, lišćem limete i kokosom

Server 4

Čudo izuzetne delicije, pogodno za sva tajlandska jela od piletine i ribe.

250g/9oz/velika 1 šolja tajlandskog pirinča
400 ml/14 fl oz/1¾ šolje konzerviranog kokosovog mlijeka
2 svježa lista limete
1 list limunske trave, razdvojen po dužini, ili 15 ml/1 kašika nasjeckanog lista matičnjaka
7,5 ml/1½ kašičice soli

Sipajte pirinač u posudu od 1,5 litara/2½ pt/6 šoljica. Sipajte kokosovo mlijeko u posudu za mjerenje i napunite hladnom vodom do 600 ml/1 pt/2½ šolje. Zagrijte, nepokriveno, na punoj temperaturi 7 minuta dok ne proključa i ne proključa. Lagano umiješajte pirinač sa svim preostalim sastojcima. Pokrijte prozirnom folijom (plastičnom folijom) i prerežite dva puta da para izađe. Kuvajte na punoj temperaturi 14 minuta. Ostavite 5 minuta. Otkrijte i uklonite limunsku travu, ako koristite. Pažljivo raširite viljušku i odmah pojedite malo mekanu i ljepljivu rižu.

Bamija sa kupusom

Služi 6

Kuriozitet iz Gabona, blag ili ljut u zavisnosti od količine uključenog čilija.

30 ml/2 kašike ulja od kikirikija.
450 g/1 lb savojskog kupusa ili zelja, sitno narendanog
200g/7oz bamije (ženskih prstiju), sa vrhom, repom i isječenim na komade
1 luk, narendani
300 ml/½ pt/1¼ šolje kipuće vode
10 ml/2 kašičice soli
45 ml/3 kašike pinjola, lagano tostiranih ispod roštilja (brojleri)
2,5-20 ml/¼-4 kašičice čilija u prahu

Sipajte ulje u posudu za tepsiju od 2,25 litre/4 pt/10 šoljica (holandska rerna). Umiješajte zelje i bamiju, a zatim i preostale sastojke. Dobro promiješajte. Pokrijte prozirnom folijom (plastičnom folijom) i prerežite dva puta da para izađe. Kuvajte na punoj temperaturi 7 minuta. Ostavite 5 minuta. Kuvajte na punoj temperaturi još 3 minuta. Ocijedite ako je potrebno. i server.

Crveni kupus sa jabukom

Služi 8

Veličanstveno uz ljutu gamonu, gusku i patku, crveni kupus je skandinavskog i sjevernoevropskog porijekla, slatko-kiseo i sada prilično pametan prilog, koji se najbolje ponaša u mikrovalnoj pećnici, gdje održava duboku ružičastu boju.

900g/2lb crvenog kupusa
450 ml/¾ pt/2 šolje kipuće vode
7,5 ml/1½ kašičice soli
3 glavice luka, sitno iseckana
3 kuvane (pita) jabuke, oguljene i narendane
30 ml/2 kašike mekog smeđeg šećera
2,5 ml/½ kašičice sjemenki kima
30 ml/2 kašike kukuruznog brašna (kukuruzni skrob)
45 ml/3 kašike sladnog sirćeta
15 ml/1 kašika hladne vode

Izrežite kupus, uklonite sve nagnječene ili oštećene vanjske listove. Izrežite na četvrtine i uklonite čvrstu središnju peteljku, a zatim naribajte što je sitnije moguće. Stavite u posudu od 2,25 litara/4 pt/10 šoljica. Dodajte polovinu kipuće vode i 5ml/1 kašičicu soli. Pokrijte tanjirom i kuhajte na punoj temperaturi 10 minuta, okrećući posudu četiri puta. Dobro promješajte, zatim umiješajte preostalu kipuću vodu i preostalu sol, luk, jabuke, šećer i sjemenke kima.Pokrijte prozirnom folijom (plastičnom folijom) i dva puta prerežite da para izađe.

Kuvajte do kraja 20 minuta, okrećući posudu četiri puta. Izvadite iz mikrotalasne. Kukuruzno brašno glatko pomiješajte sa sirćetom i hladnom vodom. Dodajte vrući kupus i dobro promiješajte. Kuvajte otklopljeno do punog stepena 10 minuta, mešajući tri puta. Ostavite da se ohladi pre nego što stavite u frižider preko noći. Služiti, Ponovo pokrijte svježom prozirnom folijom i dvaput prerežite kako bi para izašla, a zatim zagrijte do kraja 5-6 minuta prije serviranja. Alternativno, porcije premjestite na bočne tanjire i svaki prekrijte kuhinjskim papirom, a zatim zagrijte pojedinačno do kraja po 1 minutu.

Crveni kupus sa vinom

Služi 8

Pripremite kao i za crveni kupus sa jabukama, ali polovinu kipuće vode zamijenite sa 250 ml/8 fl oz/1 šoljicom crnog vina.

norveški kiseli kupus

Služi 8

900g/2lb bijelog kupusa
90 ml/6 kašika vode
60 ml/4 kašike sladnog sirćeta
60 ml/4 kašike granuliranog šećera
10 ml/2 kašičice sjemenki kima
7,5-10 ml/1½-2 kašičice soli

Izrežite kupus, uklonite sve nagnječene ili oštećene vanjske listove. Izrežite na četvrtine i uklonite čvrstu središnju peteljku, a zatim naribajte što je sitnije moguće. Stavite u posudu od 2,25 litara/4 pt/10 šoljica sa svim preostalim sastojcima. Dobro promešajte sa dve kašike. Pokrijte prozirnom folijom (plastičnom folijom) i prerežite dva puta da para izađe. Kuvajte odmrzavanje 45 minuta, okrećući posudu četiri puta. Ostavite preko noći na temperaturi u kuhinji kako bi okusi sazreli. Za posluživanje stavite pojedinačne porcije na bočne tanjire i svaki prekrijte kuhinjskim papirom. Zagrijte pojedinačno do kraja, dajući oko 1 minut svakom. Pažljivo pokrijte i ostatke ostavite u frižideru.

Pirjana bamija na grčki način sa paradajzom

Servira 6-8

Vrlo marginalno istočnjačke prirode, ovo pomalo neobična jela od povrća postalo je održiva ponuda sada kada je bamija (ženski prsti) sve više dostupna. Ovaj recept je odličan uz jagnjetinu ili kao samostalno jelo, servirano uz pirinač.

900g/2lb bamije, vrhovi i repovi
Sol i svježe mljeveni crni biber
90 ml/6 kašika sladnog sirćeta
45 ml/3 kašike maslinovog ulja
2 glavice luka, oljuštene i sitno iseckane
6 paradajza, blanširanih, oguljenih i sitno iseckanih
15 ml/1 kašika mekog smeđeg šećera

Bamiju rasporedite na veliki ravan tanjir. Pospite solju i sirćetom kako biste smanjili rizik da se bamija rascijepi i postane sluzava. Ostavite 30 minuta. Operite i osušite na kuhinjskom papiru. Sipajte ulje u posudu od 2,5 litara/4½ pt/11 šoljica i dodajte luk. Kuvajte otklopljeno do punog stepena 7 minuta, mešajući tri puta. Umiješajte sve preostale sastojke, uključujući bamiju, i začinite po ukusu. Pokrijte tanjirom i kuvajte do kraja 9-10 minuta, mešajući tri-četiri puta, dok bamija ne omekša. Ostavite da odstoji 3 minute prije serviranja.

Zeleni sa paradajzom, lukom i puterom od kikirikija

Servira 4-6

Probajte ovaj malavijski specijalitet sa narezanim belim hlebom kao vegetarijansko jelo ili poslužite kao prilog uz piletinu.

450 g/1 lb proljetnog zelja (ovratnika), sitno narendanog
150 ml/¼ pt/2/3 šolje kipuće vode
5–7,5 ml/1–1½ kašičice soli
4 paradajza, blanširana, oguljena i narezana
1 veliki luk, sitno isečen
60 ml/4 kašike hrskavog putera od kikirikija

Stavite povrće u posudu od 2,25 litara/4 pt/10 šoljica. Umiješajte vodu i sol. Pokrijte prozirnom folijom (plastičnom folijom) i dva puta prerežite da para izađe. Kuvajte na punoj temperaturi 20 minuta. Otkrijte i umiješajte paradajz, luk i puter od kikirikija. Pokrijte kao i prije i kuhajte na punoj temperaturi 5 minuta.

Slatka i pavlaka repa

Server 4

Ovaj atraktivan način predstavljanja cvekle datira iz 1890. godine, ali je trenutno ponovo u modi.

450g/1lb kuvane cvekle (cvekle), krupno narendane
150 ml/¼ pt/2/3 šolje duple (teške) kreme
Sol
15 ml/1 kašika sirćeta
30 ml/2 kašike demerara šećera

Stavite cveklu u posudu od 900 ml/1½ pt/3¾ šolje sa vrhnjem i solju po ukusu. Pokrijte tanjirom i zagrevajte do kraja 3 minuta, jednom promešajte. Umiješajte sirće i šećer i odmah poslužite.

Cvekla u narandzi

Servira 4-6

Živahan i originalan prilog za božićno meso i perad.

450g/1lb kuvane cvekle (cvekle), oguljene i narezane na ploške
75 ml/5 kašika sveže ceđenog soka od pomorandže
15 ml/1 kašika sladnog sirćeta
2,5 ml/½ kašičice soli
1 češanj belog luka, oguljen i zgnječen

Cveklu stavite u plitku posudu prečnika 18 cm/7. Umutiti preostale sastojke i preliti preko cvekle. Pokrijte prozirnom folijom (plastičnom folijom) i prerežite dva puta da para izađe. Kuvajte na punoj temperaturi 6 minuta, okrećući posudu tri puta. Ostavite 1 minut.

Oguljeni celer

Služi 6

Prelijepo zimsko jelo u gurmanskom stilu, pogodno za ribu i perad.

4 posna komada (kriške) slanine, nasjeckana
900 g/2 lb celera (korijen celera)
300 ml/½ pt/1¼ šolje hladne vode
15 ml/1 kašika limunovog soka
7,5 ml/1½ kašičice soli
300 ml/½ pt/1¼ šolje pojedinačne (lagane) kreme
1 mala vrećica čipsa (čipsa), zdrobljena u vrećici

Slaninu stavite na tanjir i prekrijte kuhinjskim papirom. Kuvati na punoj temperaturi 3 minute. Celer debelo ogulite, dobro operite i svaku glavicu isecite na osam delova. Stavite u posudu od 2,25 litara/4 pt/10 šoljica sa vodom, limunovim sokom i solju. Pokrijte prozirnom folijom (plastičnom folijom) i prerežite dva puta da para izađe. Kuvajte do kraja 20 minuta, okrećući posudu četiri puta. Drain. Celer narežite i vratite u posudu. Umiješajte slaninu i vrhnje i pospite čipsom. Kuvajte otklopljeno do kraja 4 minuta, okrećući posudu dva puta. Ostavite da odstoji 5 minuta prije serviranja.

Celer sa holandskim sosom od pomorandže

Služi 6

Celer sa veličanstveno zlatnim, sjajnim prelivom holandskog sosa od citrusa za probati sa patkom i divljači.

900 g/2 lb celera (korijen celera)
300 ml/½ pt/1¼ šolje hladne vode
15 ml/1 kašika limunovog soka
7,5 ml/1½ kašičice soli
malteški sos
1 veoma slatka narandža, oguljena i segmentirana

Celer debelo ogulite, dobro operite i svaku glavicu isecite na osam delova. Stavite u posudu od 2,25 litara/4 pt/10 šoljica sa vodom, limunovim sokom i solju. Pokrijte prozirnom folijom (plastičnom folijom) i prerežite dva puta da para izađe. Kuvajte do kraja 20 minuta, okrećući posudu četiri puta. Drain. Celer narežite i vratite u posudu. Ostani topao. Napravite malteški sos i prelijte celer. Ukrasite komadićima narandže.

Slimmers gulaš od povrća

Server 2

Pripremite se kao za Slimmer's Fish Pot, ali izostavite ribu. U kuvano povrće sa začinima i začinskim biljem dodajte narezano meso 2 avokada. Pokrijte i zagrijte do kraja 1½ minuta.

Slimmer's tepsija od povrća sa jajima

Server 2

Pripremite kao za Slimmer's Tepsiju od povrća, ali svaku porciju pospite sa 1 seckanim tvrdo kuvanim (tvrdo kuvanim) jajetom.

Ratatouille

Servira 6-8

Eksplozija mediteranskog okusa i boje dio je ove veličanstvene tepsije od povrća pourri. Toplo, hladno ili vruće – čini se da ide uz sve.

60 ml/4 kašike maslinovog ulja
3 glavice luka, oljuštene i sitno iseckane

1-3 čena belog luka, zgnječena

225g/8oz tikvica (tikvica), tanko narezanih

350 g/12 oz/3 šolje patlidžana (patlidžana) isečenog na kockice

1 veća crvena ili zelena paprika, očišćena od sjemenki i nasjeckana

3 zrela paradajza, oguljena, blanširana i iseckana

30 ml/2 kašike paradajz pirea (paste)

20 ml/4 kašičice mekog smeđeg šećera

10 ml/2 kašičice soli

45–60 ml/3–4 kašike seckanog peršuna

Sipajte ulje u posudu od 2,5 litara/4½ pt/11 šoljica. Toplo, nepokriveno, na punoj temperaturi 1 minut. Pomiješajte luk i bijeli luk, kuhajte otklopljeno 4 minute. Umiješajte sve preostale sastojke osim pola peršuna. Pokrijte tanjirom i kuvajte na punoj temperaturi 20 minuta, mešajući tri ili četiri puta. Otvorite i kuhajte na punoj temperaturi 8-10 minuta, miješajući četiri puta, dok većina tečnosti ne ispari. Umiješajte preostali peršun. Poslužite odmah ili ohladite, poklopite i ohladite ako jedete kasnije.

Karamelizovani pastrnjak

Server 4

Idealno za sve pečene peradi i govedine, za ovo odaberite bebi pastrnjak koji nije veći od velike šargarepe.

450g/1lb malog pastrnjaka, tanko narezanog

45 ml/3 kašike vode

25 g/1 oz/2 kašike putera
7,5 ml/1 ½ kašike tamnog mekog smeđeg šećera
Sol

Stavite pastrnjak u posudu od 1,25 litara/2¼ pt/5½ šolje sa vodom. Pokrijte prozirnom folijom (plastičnom folijom) i prerežite dva puta da para izađe. Kuvajte do kraja 8-10 minuta, preokrenite posudu i dva puta lagano protresite sadržaj dok ne omekša. Izlijte vodu. Dodajte puter i šećer i okrenite pastrnjak da ih dobro prekrije. Zagrijte, nepokriveno, na punoj temperaturi 1-1½ minuta, dok ne postane staklena. Pospite solju i jedite odmah.

Pastrnjak sa sosom od mrvica od jaja i putera

Server 4

450g/1lb pastrnjaka, narezanog na kockice
45 ml/3 kašike vode
75 g/3 oz/1/3 šolje neslanog (slatkog) putera
4 mlada luka (mlada luka), sitno iseckana
45 ml/3 kašike lagano tostiranih prezli
1 tvrdo kuvano (tvrdo kuvano) jaje, narendano

30 ml/2 kašike sitno iseckanog peršuna
Sok od ½ malog limuna

Stavite pastrnjak u posudu od 1,5 litara/2½ pt/6 šoljica sa vodom. Pokrijte prozirnom folijom (plastičnom folijom) i prerežite dva puta da para izađe. Kuvajte na punoj temperaturi 8-10 minuta. Ostavite da odstoji dok pripremate sos. Stavite puter u posudu za merenje i rastopite ga nepokriveno tokom odmrzavanja 2-2½ minuta. Umiješajte luk i kuhajte bez poklopca dok se odmrzava 3 minute, dva puta miješajući. Pomiješajte sve preostale sastojke i zagrijte odleđivanjem 30 sekundi. Pastrnjak ocijedite i prebacite u zagrijanu posudu. Prelijte sosom od mrvica i odmah poslužite.

Brokula sa sirom Supreme

Servira 4-6

450g/1lb brokule
60 ml/4 kašike vode
5 ml/1 kašičica soli
150 ml/¼ pt/2/3 šolje kisele (mlečne) pavlake
125 g/4 oz/1 šolja cheddar ili Jarlsberg sira, naribanog
1 jaje
5 ml/1 kašičica blagog proizvedenog senfa
2,5 ml/½ kašičice paprike
1,5 ml/¼ kašičice rendanog muškatnog oraščića

Brokulu operite, podelite na cvetiće i stavite u dublju posudu prečnika 20 cm/8 sa vodom i solju. Pokrijte prozirnom folijom (plastičnom folijom) i prerežite dva puta da para izađe. Kuvajte na punoj temperaturi 12 minuta. Temeljno ocijedite. Umutiti preostale sastojke i preliti preko brokule. Pokrijte tanjirom i kuhajte na punoj temperaturi 3 minute. Ostavite 2 minute.

Guvetch

Servira 6-8

Živopisna i ukusna bugarska interpretacija ratatouillea. Poslužite samo uz pirinač, tjesteninu ili palentu ili kao prilog jelima od jaja, mesa i peradi.

450g/1lb francuskog ili kenijskog (zeleni) pasulj, vrhovi i repovi
4 glavice luka, vrlo tanko narezane
3 čena belog luka, zgnječena
60 ml/4 kašike maslinovog ulja
6 paprika u mešovitim bojama, očistiti od sjemenki i iseći na trakice
6 paradajza, blanširanih, oguljenih i iseckanih
1 zeleni čili, bez sjemenki i sitno nasjeckan (po želji)
10–15 ml/2–3 kašičice soli
15 ml/1 kašika šećera od trske (super finog).

Svaki pasulj narežite na tri dijela. Stavite luk i beli luk u posudu od 2,5 litara/4½ pt/11 šoljica sa uljem. Dobro promiješajte da se promiješa. Kuvajte otklopljeno do kraja 4 minuta. Temeljito umiješajte sve preostale sastojke, uključujući pasulj. Pokrijte tanjirom i kuvajte na punoj temperaturi 20 minuta, tri puta mešajući. Otvorite i kuhajte na punoj temperaturi još 8-10 minuta, miješajući četiri puta, dok većina tečnosti ne ispari. Poslužite odmah ili ohladite, poklopite i ohladite ako jedete kasnije.

Sir od celera sa slaninom

Server 4

6 komada (kriški) slanine sa prugama
350 g celera isečenog na kockice
30 ml/2 kašike kipuće vode
30 ml/2 kašike putera ili margarina
30 ml/2 kašike običnog (za sve namene) brašna
300 ml/½ pt/1¼ šolje toplog punomasnog mleka
5 ml/1 kašičica engleskog senfa
225 g/2 šolje cheddar sira, narendanog
Sol i svježe mljeveni crni biber
Paprika
Prženi (pirjeni) hleb za serviranje

Slaninu stavite na tanjir i prekrijte kuhinjskim papirom. Kuvajte do kraja 4-4½ minuta, okrećući tanjir jednom. Ocijedite masnoću, pa slaninu krupno nasjeckajte. Celer stavite u posebnu posudu sa kipućom vodom. Pokrijte tanjirom i kuhajte na punoj temperaturi 10 minuta, okrećući posudu dva puta. Ocijedite i sačuvajte tečnost. Stavite puter u posudu od 1,5 litara/2½ pt/6 šoljica. Otopite nepokriveno prilikom odmrzavanja 1-1½ minuta. Umiješajte brašno i kuhajte na punoj temperaturi 1 minut. Postepeno umiješati mlijeko.Kuvati otklopljeno 4-5 minuta dok se ravnomjerno ne zgusne, miješajući svaki minut. Umiješajte celerovu vodu, celer, slaninu, senf i dvije trećine sira. Začinite po ukusu. Prebacite smjesu u čistu posudu. Po vrhu pospite preostalim sirom i pospite paprikom. Ponovo zagrijte, nepokriveno, na punoj temperaturi 2 minute. Poslužite sa prženim hlebom.

Gulaš od artičoke sa slaninom

Server 4

Pripremite kao za Celer Cheese sa slaninom, ali izostavite celer. Stavite 350g/12oz jeruzalemske artičoke u zdjelu sa 15ml/1tbsp limunovog soka i 90ml/6tbsp kipuće vode. Pokrijte prozirnom folijom (plastičnom folijom) i prerežite dva puta da para izađe. Kuvajte na punoj temperaturi 12-14 minuta dok ne omekša. Ocijedite, ostavite 45 ml/3 žlice vode. Dodajte artičoke i vodu u sos sa senfom, slaninom i sirom.

Karelijski krompir

Server 4

Recept iz istočne Finske za prolećni krompir.

450g/1lb mladog krompira, opranog ali neoguljenog
30 ml/2 kašike kipuće vode
125 g/4 oz/½ šolje putera, na sobnoj temperaturi
2 tvrdo kuvana (tvrdo kuvana) jaja, iseckana

Stavite krompir u posudu od 900 ml/1½ pt/3¾ šolje kipuće vode. Pokrijte tanjirom i kuvajte na punoj temperaturi 11 minuta, dva puta mešajući. U međuvremenu umutite puter u glatku kremu i umiješajte jaja. Kompir ocijedite i umiješajte u smjesu od jaja dok je krompir još jako vruć. Poslužite odmah.

Holandski krompir i gauda tepsija sa paradajzom

Server 4

Zasitan i topli vegetarijanski gulaš koji se može poslužiti uz kuhano zeleno povrće ili hrskavu salatu.

750g/1½lb kuvanog krompira, debelo isečenog
3 velika paradajza, blanširana, oguljena i tanko narezana
1 veći crveni luk, krupno narendan
30 ml/2 kašike sitno iseckanog peršuna
175 g/6 oz/1½ šolje gauda sira, narendanog
Sol i svježe mljeveni crni biber
30 ml/2 kašike kukuruznog brašna (kukuruzni skrob)
30 ml/2 kašike hladnog mleka
150 ml/¼ pt/2/3 šolje tople vode ili temeljca od povrća
Paprika

Napunite maslacem posudu od 1,5 litre/2½-pt/6 šolja naizmeničnim slojevima krompira, paradajza, luka, peršuna i dve trećine sira, posipajući so i biber između slojeva. Kukuruzno brašno glatko pomiješajte sa hladnim mlijekom, pa postepeno dodajte vruću vodu ili čorbu. Po vrhu pospite preostalim sirom i pospite paprikom. Pokrijte kuhinjskim papirom i zagrijavajte na punoj temperaturi 12-15 minuta. Ostavite da odstoji 5 minuta prije serviranja.

Slatki krompir premazan puterom i kremom

Server 4

450g/1lb slatkog ružičastog i žutog krompira (ne jam), oguljenog i isječenog na kockice
60 ml/4 kašike kipuće vode
45 ml/3 kašike putera ili margarina
60 ml/4 kašike šlaga, zagrejano
Sol i svježe mljeveni crni biber

Stavite krompir u posudu od 1,25 litara/2¼ pt/5½ šolje. Dodajte vodu. Pokrijte prozirnom folijom (plastičnom folijom) i prerežite dva puta da para izađe. Kuvajte do kraja 10 minuta, okrećući posudu tri puta. Ostavite 3 minute. Ocijedite i dobro izgnječite. Dobro umutiti puter i kremu, dobro začiniti po ukusu. Prebacite u posudu za serviranje, pokrijte tanjirom i zagrevajte na punoj temperaturi 1½-2 minuta.

Maître d'Hôtel slatki krompir

Server 4

450g/1lb slatkog ružičastog i žutog krompira (ne jam), oguljenog i isječenog na kockice
60 ml/4 kašike kipuće vode
45 ml/3 kašike putera ili margarina
45 ml/3 kašike seckanog peršuna

Stavite krompir u posudu od 1,25 litara/2¼ pt/5½ šolje. Dodajte vodu. Pokrijte prozirnom folijom (plastičnom folijom) i prerežite dva puta da para izađe. Kuvajte do kraja 10 minuta, okrećući posudu tri puta. Ostavite 3 minute, a zatim ocijedite. Dodajte puter i okrenite krompir, pa pospite peršunom.

Kremirani krompir

Servira 4-6

Krompir kuhan u mikrovalnoj pećnici zadržava svoj okus i boju i ima odličnu teksturu. Njihove hranjive tvari su očuvane jer je količina vode koja se koristi za kuhanje minimalna. Gorivo je ušteđeno i nema lonca za pranje – možete čak i kuvati krompir u sopstvenoj posudi za serviranje. Krompir ogulite što je tanje moguće da sačuvate vitamine.

900g/2lb oguljenog krompira, isečenog na kockice
90 ml/6 kašika kipuće vode
30–60 ml/2–4 kašike putera ili margarina
90 ml/6 kašika toplog mleka
Sol i svježe mljeveni crni biber

Stavite komade krompira u 1,75 litara/3 pt/7½ šolje sa vodom. Pokrijte prozirnom folijom (plastičnom folijom) i prerežite dva puta da para izađe. Kuvajte do kraja 15-16 minuta, okrećući posudu četiri puta, dok ne omekša. Po potrebi ocediti, pa fino izgnječiti, umutiti puter ili margarin i mleko naizmenično. Sezona. Kada je lagana i pahuljasta, razmutite viljuškom i ponovo zagrijte, nepoklopljeno, na punoj temperaturi 2-2½ minuta.

Krem krompir sa peršunom

Servira 4-6

Pripremite kao krem krompir, ali pomiješajte 45-60 ml/3-4 žlice nasjeckanog peršuna sa začinima. Zagrijte još 30 sekundi.

Krem krompir sa sirom

Servira 4-6

Pripremite kao za krem krompir, ali pomiješajte 125g/4oz/1 šolju naribanog tvrdog sira sa začinima. Zagrijte još 1½ minuta.

Mađarski krompir sa paprikom

Server 4

*50 g/2 oz/¼ šolje margarina ili masti
1 veliki luk, sitno isečen
750g/1½lb krompira, isečenog na male komadiće
45 ml/3 kašike sušenih pahuljica paprike
10 ml/2 kašičice paprike
5 ml/1 kašičica soli
300 ml/½ pt/1¼ šolje kipuće vode
60 ml/4 kašike kisele (mlečne) pavlake*

Stavite margarin ili mast u posudu od 1,75 litara/3 pt/7½ šolje. Zagrijte, nepokriveno, na punoj temperaturi 2 minute, dok ne zacvrči. Dodajte luk. Kuvajte otklopljeno do kraja 2 minuta. Umiješajte krompir, ljuspice paprike, papriku, sol i kipuću vodu, prekrijte prozirnom folijom (plastičnom folijom) i dva puta prerežite da para izađe. Kuvajte do kraja 20 minuta, okrećući posudu četiri puta. Ostavite 5 minuta. Sipajte na zagrejane tanjire i prelijte svaki sa 15ml/1 kašiku kreme.

Dauphine krompir

Služi 6

Gratin dauphinoise – jedan od francuskih velikana i iskustvo za uživanje. Poslužite sa salatom od listova ili pečenim paradajzom, ili kao prilog mesu, peradi, ribi i jajima.

900g/2lb voštanog krompira, vrlo tanko isečenog
1-2 čena belog luka, zgnječena
75 ml/5 kašika otopljenog putera ili margarina
175 g/6 oz/1½ šolje ementalskog ili švajcarskog sira Gruyère
Sol i svježe mljeveni crni biber
300 ml/½ pt/1¼ šolje punomasnog mleka
Paprika

Da krompir omekša, stavite ga u veliku zdjelu i prelijte kipućom vodom. Ostavite 10 minuta, a zatim ocijedite. Pomiješajte bijeli luk sa puterom ili margarinom. Duboku posudu prečnika 25 cm/10 podmažite. Počevši i završavajući krompirom, posudu punite naizmeničnim slojevima kriški krompira, dve trećine sira i dve trećine mešavine putera, a između slojeva pospite so i biber. Pažljivo sipajte mlijeko niz stranu posude, a zatim premažite preostali sir i puter od bijelog luka. Pospite paprikom. Pokrijte prozirnom folijom (plastičnom folijom) i prerežite dva puta da para izađe. Kuvajte do kraja 20 minuta, okrećući posudu četiri puta. Krompir treba da bude malo al dente, kao tjestenina, ali ako više volite mekše, kuhajte još 3-5 minuta. Ostavite 5 minuta, a zatim otkrijte i poslužite.

Savojski krompir

Služi 6

Pripremite kao za Dauphine krompir, ali mlijeko zamijenite temeljcem ili pola bijelog vina i pola temeljca.

Château potatoes

Služi 6

Pripremite kao za Dauphine krompir, ali zamenite srednje jabukovače za mleko.

Krompir sa sosom od bademovog putera

Servira 4-5

450g/1lb mladog krompira, oguljenog i izribanog
30 ml/2 kašike vode
75 g/3 oz/1/3 šolje neslanog (slatkog) putera
75 g/3 oz/¾ šolje badema u listićima (narezanih) tostiranih i izmrvljenih
15 ml/1 kašika svežeg soka od limete

Stavite krompir u posudu od 1,5 litara/2½ pt/6 šoljica sa vodom. Pokrijte prozirnom folijom (plastičnom folijom) i prerežite dva puta da para izađe. Kuvajte na punoj temperaturi 11-12 minuta dok ne omekša. Ostavite da odstoji dok pripremate sos. Stavite puter u posudu za merenje i rastopite ga nepokriveno tokom odmrzavanja 2-2½ minuta. Umiješajte preostale sastojke, prelijte ocijeđenim krompirom i poslužite.

Senf i paradajz limete

Server 4

Svježi šmek paradajz čini atraktivnim kao prilog jagnjetini i peradi, ali i lososu i skuši.

4 velika paradajza, vodoravno prepolovljena
Sol i svježe mljeveni crni biber
5 ml/1 kašičica sitno naribane kore limete
30 ml/2 kašike senfa od celog zrna
Sok od 1 limete

Stavite paradajz u krug, sa isečenim stranama prema gore, oko ivice velikog tanjira. Pospite solju i biberom. Preostale sastojke dobro izmiješati i premazati preko paradajza. Kuvajte otklopljeno 6 minuta, okrećući ploču tri puta. Ostavite 1 minut.

Pirjani krastavac

Server 4

1 krastavac, oguljen
30 ml/2 kašike putera ili margarina, kuhinjske temperature
2,5-5 ml/½-1 kašičica soli
30 ml/2 kašike sitno iseckanog peršunovog ili korijanderovog lista

Krastavac narežite vrlo tanko, ostavite da odstoji 30 minuta, a zatim ga osušite čistom kuhinjskom krpom (krpa za suđe). Stavite puter ili margarin u posudu od 1,25 litara/2¼ pt/5½ šolje i rastopite nepokriveno tokom odmrzavanja 1-1½ minuta. Umiješajte krastavac i sol i lagano miješajte dok ne bude dobro premazana puterom. Pokrijte tanjirom i kuvajte na punoj temperaturi 6 minuta, dva puta mešajući. Otkrijte i umiješajte peršun ili korijander.

Pirjani krastavac sa Pernodom

Server 4

Pripremite kao za pirjani krastavac, ali uz krastavac dodajte 15 ml/1 kašiku Pernoda.

Marrow Spanish

Server 4

Ljetni dodatak za dopunu peradi i ribi.

15 ml/1 kašika maslinovog ulja
1 veći luk, oljušten i isjeckan
3 velika paradajza, blanširana, oguljena i iseckana
450 g/1 lb sržice (tikvice), oguljene i narezane na kockice
15 ml/1 kašika majorana ili origana, iseckanog
5 ml/1 kašičica soli
Svježe mljeveni crni biber

Zagrijte ulje u nepoklopljenoj posudi od 1,75 litara/3 pt/7½ šolje do kraja 1 minut. Umiješajte luk i paradajz. Pokrijte tanjirom i kuhajte na punoj temperaturi 3 minute. Umiješajte sve preostale sastojke, pobiberite po ukusu. Pokrijte tanjirom i kuhajte na punoj temperaturi 8-9 minuta dok srž ne omekša. Ostavite 3 minute.

Gratin od tikvica i paradajza

Server 4

*3 paradajza, blanširana, oguljena i sitno iseckana
4 tikvice (tikvice), prelivene, narezane na rep i tanko narezane
1 glavica luka, nasjeckana
15 ml/1 kašika slada ili pirinčanog sirćeta
30 ml/2 kašike seckanog peršuna sa ravnim lišćem
1 češanj belog luka, zgnječen
Sol i svježe mljeveni crni biber
75 ml/5 kašika cheddar ili ementalskog sira, narendanog*

U duboku posudu prečnika 20 cm/8 stavite paradajz, tikvice, luk, sirće, peršun i beli luk. Začiniti po ukusu i dobro promešati. Pokrijte prozirnom folijom (plastičnom folijom) i prerežite dva puta da para izađe. Kuvajte do kraja 15 minuta, okrećući posudu tri puta. Otkrijte i pospite sirom. Ili zapeći na uobičajeni način ispod roštilja (brojleri), ili radi uštede vremena vratite se u mikrotalasnu pećnicu i zagrijte na punoj temperaturi 1-2 minute dok se sir ne rastopi i ne rastopi.

Tikvice sa bobicama kleke

Servira 4-5

8 bobica kleke
30 ml/2 kašike putera ili margarina
450g/1lb tikvica (tikvica), prelivenih, narezane na rep i tanko narezane
2,5 ml/½ kašičice soli
30 ml/2 kašike sitno iseckanog peršuna

Poleđinom drvene kašike lagano zgnječite bobice kleke. U dublju posudu prečnika 20 cm/8 stavite puter ili margarin. Otopite nepokriveno prilikom odmrzavanja 1-1½ minuta. Umiješajte bobice kleke, tikvice i sol i rasporedite u ravnomjernom sloju tako da prekrije dno posude. Pokrijte prozirnom folijom (plastičnom folijom) i prerežite dva puta da para izađe. Kuvajte do kraja 10 minuta, okrećući posudu četiri puta. Ostavite 2 minute. Otkrijte i pospite peršunom.

Kineski listovi na maslacu sa Pernodom

Server 4

Ukrštanje teksture i okusa između bijelog kupusa i čvrste zelene salate, kineski listovi su vrlo prezentabilno kuhano povrće i uvelike su poboljšani dodatkom Pernoda, koji dodaje delikatan i suptilan dodir anisa.

675g/1½lb kineski listovi, isjeckani
50 g/2 oz/¼ šolje putera ili margarina
15 ml/1 tbsp Pernod
2,5-5 ml/½-1 kašičica soli

Stavite iseckane listove u posudu od 2 quart/3½ pt/8½ šolje. U posebnoj posudi otopite puter ili margarin odmrzavajući 2 minute. Dodajte kupusu sa Pernodom i solju i lagano promiješajte da se promiješa. Pokrijte tanjirom i kuvajte na punoj temperaturi 12 minuta, dva puta mešajući. Ostavite da odstoji 5 minuta prije serviranja.

Klice pasulja u kineskom stilu

Server 4

450g/1lb svježih klica pasulja
10 ml/2 kašičice tamnog soja sosa
5ml/1 kašičica Worcestershire sosa
5 ml/1 kašičica soli crnog luka

Pomiješajte sve sastojke u velikoj posudi za miješanje. Prebacite u duboku posudu za rernu prečnika 20 cm/8 (holandska rerna). Pokrijte tanjirom i kuhajte na punoj temperaturi 5 minuta. Ostavite 2 minute, zatim promiješajte i poslužite.

Šargarepa sa narandžom

Servira 4-6

50 g/2 oz/¼ šolje putera ili margarina
450g/1lb šargarepe, naribane
1 luk, narendani
15 ml/1 kašika svežeg soka od pomorandže
5 ml/1 kašičica sitno rendane kore pomorandže
5 ml/1 kašičica soli

U dublju posudu prečnika 20 cm/8 stavite puter ili margarin. Otopite nepokriveno prilikom odmrzavanja 1½ minuta. Umiješajte sve preostale sastojke i dobro izmiješajte. Pokrijte prozirnom folijom (plastičnom folijom) i prerežite dva puta da para izađe. Kuvajte do kraja 15 minuta, okrećući posudu dva puta. Ostavite da odstoji 2-3 minute prije serviranja.

Pirjana cikorija

Server 4

Neobičan prilog od povrća koji ima blagi ukus šparoga. Poslužite uz jela od jaja i peradi.

4 glavice cikorije (belgijska endivija)
30 ml/2 kašike putera ili margarina
1 kocka od povrća
15 ml/1 kašika kipuće vode
2,5 ml/½ kašičice soli crnog luka
30 ml/2 kašike limunovog soka

Odrežite cikoriju, odbacite sve nagnječene ili oštećene vanjske listove. Uklonite jezgro u obliku konusa sa dna svakog da smanjite gorčinu. Narežite cikoriju na kriške debljine 1,5 cm/½ i stavite u tepsiju od 1,25 litara/2¼ pt/5½ šolje (holandska rerna). Otopite puter ili margarin odvojeno tako što ćete ga odmrznuti 1½ minuta. Prelijte cikorijom. Kocku bujona izmrviti u kipuću vodu, pa dodati so i limunov sok. Prelijte cikorijom. Pokrijte prozirnom folijom (plastičnom folijom) i prerežite dva puta da para izađe. Kuvajte na punoj temperaturi 9 minuta, okrećući posudu tri puta. Ostavite da odstoji 1 minut pre serviranja sa sokovima iz jela.

Pirjana šargarepa sa limetom

Server 4

Intenzivno jelo od narandžaste šargarepe, dizajnirano za gulaše od mesa i divljač.

450g/1lb šargarepe, tanko narezane
60 ml/4 kašike kipuće vode
30 ml/2 kašike putera
1,5 ml/¼ kašičice kurkume
5 ml/1 kašičica sitno naribane kore limete

Stavite šargarepu u lonac kipuće vode od 1,25 litara/2¼ pt/5½ šolje. Pokrijte prozirnom folijom (plastičnom folijom) i prerežite dva puta da para izađe. Kuvajte na punoj temperaturi 9 minuta, okrećući posudu tri puta. Ostavite 2 minute. Drain. Odmah ubacite puter, kurkumu i koricu limete. Odmah jedite.

Komorač u šeriju

Server 4

900g/2lb komorača
50 g/2 oz/¼ šolje putera ili margarina
2,5 ml/½ kašičice soli
7,5 ml/1½ kašičice francuskog senfa
30 ml/2 kašike srednje suvog šerija
2,5 ml/½ kašičice sušenog ili 5 ml/1 kašičice nasjeckanog svježeg estragona

Operite i osušite komorač. Odbacite sve smeđe površine, ali ih ostavite na "prstima" i zelenim listovima. Otopite puter ili margarin bez poklopca prilikom odmrzavanja 1½-2 minuta. Lagano umutite preostale sastojke Svaku glavicu komorača razrežite na četvrtine i stavite u duboku posudu prečnika 25 cm/10. Premažite mješavinom putera. Pokrijte tanjirom i kuhajte na punoj temperaturi 20 minuta, okrećući posudu četiri puta. Ostavite da odstoji 7 minuta prije serviranja.

Praziluk dinstan sa šunkom

Server 4

5 uskih praziluka, oko 450g/1lb ukupno
30 ml/2 kašike putera ili margarina, kuhinjske temperature
225 g/2 šolje kuvane šunke, seckane
60 ml/4 kašike crnog vina
Sol i svježe mljeveni crni biber

Odrežite krajeve viskija od praziluka, a zatim izrežite sve osim 10 cm zelene 'suknje' od svakog. Praziluk pažljivo prepolovite po dužini skoro do vrha. Temeljito operite listove između listova pod hladnom tekućom vodom kako biste uklonili prljavštinu ili pijesak. Stavite puter ili margarin u posudu veličine 25 x 20 cm/10 x 8. Otopite odmrzavanje 1-1½ minuta, a zatim premažite dno i stranice. Poriluk rasporedite u jednom sloju preko podloge. Pospite šunkom i vinom i začinite. Pokrijte prozirnom folijom (plastičnom folijom) i prerežite dva puta da para izađe. Kuvajte do kraja 15 minuta, okrećući posudu dva puta. Ostavite 5 minuta.

Praziluk u loncu

Server 4

5 uskih praziluka, oko 450g/1lb ukupno
30 ml/2 kašike putera ili margarina
60 ml/4 kašike povrtnog temeljca
Sol i svježe mljeveni crni biber

Odrežite krajeve viskija od praziluka, a zatim izrežite sve osim 10 cm zelene 'suknje' od svakog. Praziluk pažljivo prepolovite po dužini skoro do vrha. Temeljito operite listove između listova pod hladnom tekućom vodom kako biste uklonili prljavštinu ili pijesak. Narežite na kriške debljine 1,5 cm/½. Stavite u posudu za tepsiju od 1,75 quart/3 pt/7½ šolje (holandska rerna). U posebnoj posudi otopite puter ili margarin odmrzavanje 1½ minuta. Dodajte temeljac i probajte. Prelijte preko praziluka. Pokrijte tanjirom i kuvajte na punoj temperaturi 10 minuta, dva puta mešajući.

Celer u loncu

Server 4

Pripremite kao za pečeni praziluk, ali zamenite praziluk sa 450g/1lb opranog celera. Ako želite, dodajte sitno nasjeckani luk i kuhajte još 1½ minuta.

Paprike punjene mesom

Server 4

4 zelene paprike
30 ml/2 kašike putera ili margarina
1 glavica luka, sitno iseckana
225 g/2 šolje nemasne mlevene (mlevene) govedine
30 ml/2 kašike pirinča dugog zrna
5 ml/1 kašičica suvog mešanog bilja
5 ml/1 kašičica soli
120 ml/¼ šolje tople vode

Paprikama odrežite vrhove i sačuvajte ih. Odbacite unutrašnja vlakna i sjemenke svake paprike. Odrežite tanke kriške sa svake osnove tako da stoje uspravno bez prevrtanja. U posudu stavite puter ili margarin i zagrijte na punoj temperaturi 1 minut. Dodajte luk. Kuvajte otklopljeno do kraja 3 minuta. Umiješajte meso, razbivši ga viljuškom. Kuvajte otklopljeno do kraja 3 minuta. Umiješajte pirinač, začinsko bilje, sol i 60 ml/4 kašike vode, te smjesu ulijte u paprike. Poređajte uspravno i čvrsto zajedno u čist dubok tanjir. Vratite poklopce i ulijte ostatak vode u posudu oko paprika za sos. Pokrijte prozirnom folijom (plastičnom folijom) i prerežite dva puta da para izađe. Kuvajte do kraja 15 minuta, okrećući posudu dva puta. Ostavite 10 minuta prije serviranja.

Paprike punjene mesom sa paradajzom

Server 4

Pripremite kao za paprike punjene mesom, ali vodu zamijenite sokom od paradajza zaslađenim sa 10 ml/2 kašičice.

Pureće punjene paprike sa limunom i timijanom

Server 4

Pripremite kao za paprike punjene mesom, ali junetinu zamijenite mljevenom (mljevenom) ćuretinom i 2,5 ml/½ žličice timijana sa pomiješanim začinskim biljem. Dodajte 5 ml/1 kašičicu sitno naribane limunove kore.

Krem sunđeri u poljskom stilu

Služi 6

Uobičajeno u Poljskoj i Rusiji, gdje pečurke zauzimaju ponosno mjesto na svakom stolu. Jedite sa mladim krompirom i kuvanim jajima.

30 ml/2 kašike putera ili margarina
450g/1lb pečuraka
30 ml/2 kašike kukuruznog brašna (kukuruzni skrob)
30 ml/2 kašike hladne vode
300 ml/½ pt/1¼ šolje pavlake (mlečne kiseline).
10 ml/2 kašičice soli

Stavite puter ili margarin u duboku posudu od 2,25 litara/4 pt/10 šoljica. Otopite nepokriveno prilikom odmrzavanja 1½ minuta. Umiješajte šampinjone, pokrijte tanjirom i kuhajte na punoj temperaturi 5 minuta, dva puta miješajući. Kukuruzno brašno glatko izmiksajte sa vodom i umiješajte kremu. Pažljivo umiješajte šampinjone. Pokrijte kao i prije i kuhajte na punoj temperaturi 7-8 minuta, miješajući tri puta, dok ne postane gusta i kremasta. Posolite i odmah jedite.

Paprika pečurke

služi 6

Pripremite kao za krem sunđere u poljskom stilu, ali dodajte 1 zgnječeni češanj belog luka u puter ili margarin pre nego što se otopi. Pomiješajte po 15 ml/1 žlica paradajz pirea (paste) i paprike sa šampinjonima. Poslužite uz malu pastu.

Curry pečurke

služi 6

Pripremite se kao za krem sunđere u poljskom stilu, ali dodajte 15-30 ml/1-2 kašike blage kari paste i zgnječeni češanj belog luka u puter ili margarin pre nego što se otopi. Zamijenite kremu gustim običnim jogurtom i umiješajte 10 ml/2 kašičice šećera (super finog) šećera sa solju. Poslužite sa pirinčem.

Lentil Dhal

Servira 6-7

Izrazito orijentalni sa svojim korijenima u Indiji, ovaj Lentil Dhal s ljubavlju je začinjen mnoštvom začina i može se poslužiti ili kao prilog uz kari ili sam s rižom kao hranjiv i potpun obrok.

50 g/2 oz/¼ šolje gheeja, putera ili margarina
4 glavice luka, nasjeckana
1-2 čena belog luka, zgnječena
225 g/8 oz/1 1/3 šolje narandžastog sočiva, dobro ispranog
5 ml/1 kašičica kurkume
5 ml/1 kašičica paprike
2,5 ml/½ kašičice mlevenog đumbira
20ml/4 kašičice garam masale
1,5 ml/¼ kašičice kajenske paprike
Sjemenke iz 4 zelene mahune kardamoma
15 ml/1 kašika paradajz pirea (paste)
750 ml/1¼ poena/3 šolje kipuće vode
7,5 ml/1½ kašičice soli
Sjeckani listovi korijandera (korijandera), za ukras

Stavite ghee, puter ili margarin u posudu za tepsiju od 1,75 litara/3 pt/7½ šolje (holandska rerna). Toplo, nepokriveno, na punoj temperaturi 1 minut. Pomiješajte luk i bijeli luk, pokrijte tanjirom i kuhajte na punoj temperaturi 3 minute. Umiješajte sve preostale sastojke u Pokrijte tanjirom i kuhajte na punoj temperaturi 15 minuta, miješajući četiri puta. Ostavite 3 minute. Ako je pregusto za lični ukus, razblažite ga sa još malo kipuće vode. Pre serviranja naduvati viljuškom, ukrasiti korijanderom.

Dhal sa lukom i paradajzom

Servira 6-7

3 glavice luka
50 g/2 oz/¼ šolje gheeja, putera ili margarina
1-2 čena belog luka, zgnječena
225 g/8 oz/1 1/3 šolje narandžastog sočiva, dobro ispranog
3 paradajza, blanširana, oguljena i iseckana
5 ml/1 kašičica kurkume
5 ml/1 kašičica paprike
2,5 ml/½ kašičice mlevenog đumbira
20ml/4 kašičice garam masale
1,5 ml/¼ kašičice kajenske paprike
Sjemenke iz 4 zelene mahune kardamoma
15 ml/1 kašika paradajz pirea (paste)
750 ml/1¼ poena/3 šolje kipuće vode
7,5 ml/1½ kašičice soli
1 veliki luk, tanko narezan
10 ml/2 kašičice suncokretovog ili kukuruznog ulja

Sitno nasjeckajte 1 glavicu luka, a ostatak nasjeckajte. Stavite ghee, puter ili margarin u posudu za tepsiju od 1,75 litara/3 pt/7½ šolje (holandska rerna). Toplo, nepokriveno, na punoj temperaturi 1 minut. Umiješajte nasjeckani luk i bijeli luk, pokrijte tanjirom i kuhajte na punoj temperaturi 3 minute. Umiješajte sve preostale sastojke, pokrijte tanjirom i kuhajte na punoj temperaturi 15 minuta, miješajući četiri puta. Ostavite 3 minute. Ako je pregusto za lični ukus, razblažite ga sa još malo kipuće vode. Narezani luk podijelite na kolutove i pržite (pržite) na uobičajeni način na ulju dok ne porumeni i ne postane hrskav. Izbockajte dhal viljuškom prije serviranja ukrašen kolutovima luka. (Alternativno, možete izostaviti narezani luk i umjesto toga ukrasiti gotovim prženim lukom dostupnim u supermarketima.)

Madras povrće

Server 4

25g/1oz/2tbsp ghee ili 15ml/1tbsp ulja kikirikija (ulje od kikirikija)
1 glavica luka, oljuštena i nasjeckana
1 praziluk, isečen i isečen
2 čena belog luka, zgnječena
15 ml/1 kašika vrućeg karija praha
5 ml/1 kašičica mlevenog kima
5 ml/1 kašičica garam masale
2,5 ml/½ kašičice kurkume
Sok od 1 manjeg limuna
150 ml/¼ pt/2/3 šolje povrtnog temeljca
30 ml/2 kašike paradajz pirea (paste)
30 ml/2 kašike pečenih indijskih oraščića
450g/1lb miješanog kuhanog korjenastog povrća narezanog na kockice
175 g/6 oz/¾ šolje smeđeg pirinča, kuvanog
Popadoms, za posluživanje

Stavite ghee ili ulje u posudu od 2,5 litara/4½ pt/11 šoljica. Toplo, nepokriveno, na punoj temperaturi 1 minut. Dodajte luk, praziluk i beli luk i dobro promešajte. Kuvajte otklopljeno do kraja 3 minuta. Dodajte kari, kumin, garam masalu, kurkumu i limunov sok. Kuvajte otklopljeno do punog stepena 3 minuta, dva puta mešajući. Dodajte juhu, paradajz pire i indijske oraščiće. Pokrijte obrnutim tanjirom i kuhajte na punoj temperaturi 5 minuta. Umiješajte povrće, poklopite kao i prije i zagrijte na punoj temperaturi 4 minute. Poslužite uz smeđi pirinač i popadome.

Mešani kari od povrća

Služi 6

1,6 kg/3½ lb miješanog povrća, poput crvene ili zelene paprike; tikvice (tikvice); oguljeni patlidžani (patlidžani); mrkva; krompir; prokulice ili brokula; luk; poriluk

30 ml/2 kašike ulja od kikirikija ili kukuruza

2 čena belog luka, zgnječena

60 ml/4 kašike paradajz pirea (paste)

45ml/3 kašike garam masale

30 ml/2 kašike blagog, srednjeg ili vrućeg karija praha

5 ml/1 kašičice mlevenog korijandera (korijandera)

5 ml/1 kašičica mlevenog kima

15 ml/1 kašika soli

1 veliki lovorov list

400g/14oz/1 velika konzerva seckanog paradajza

15 ml/1 kašika šećera od trske (super finog).

150 ml/¼ pt/2/3 šolje kipuće vode

250g/9oz/velika 1 šolja basmati ili dugozrnate riže, kuhana

Gusti obični jogurt, za serviranje

Pripremite svo povrće po vrsti. Po potrebi narežite na male kockice ili kriške. Stavite u duboku posudu od 2,75 litre/5 pt/12 šoljica. Pomiješajte sve preostale sastojke osim kipuće vode i pirinča. Pokrijte velikim tanjirom i kuhajte na punoj temperaturi 25-30 minuta, miješajući četiri puta, dok povrće ne omekša, ali i dalje čvrsto za zalogaj. Uklonite lovorov list, umiješajte vodu i kušajte sa začinima - kariju će možda trebati još malo soli. Poslužite uz pirinač i činiju gustog običnog jogurta.

Gelirana mediteranska salata

Služi 6

300 ml/½ pt/1¼ šolje hladnog povrtnog temeljca ili povrtnog temeljca
15 ml/1 kašika želatina u prahu
45 ml/3 kašike soka od paradajza
45 ml/3 kašike crnog vina
1 zelena paprika, očišćena od sjemenki i narezana na trakice
2 paradajza, blanširana, oguljena i iseckana
30 ml/2 žlice ocijeđenih kapara
50 g/2 oz/¼ šolje seckanih kornišona
12 punjenih maslina, narezanih
10 ml/2 kašičice sosa od inćuna

Sipajte 45ml/3 kašike temeljca ili povrtnog temeljca u činiju. Umiješajte želatin i ostavite 5 minuta da omekša. Otopite nepokriveno prilikom odmrzavanja 2-2½ minuta. U preostalu čorbu umiješati sok od paradajza i vino. Hladno poklopite, a zatim stavite u frižider dok se tek ne zgusne i stegne. Stavite trake paprike u posudu i prelijte ih kipućom vodom. Ostavite 5 minuta da omekša, a zatim ocijedite. Umješajte trakice paradajza i paprike u žele za stezanje sa svim preostalim sastojcima. Prebacite u 1,25 litara/2¼ pt/5½ šolje navlaženog žele kalupa ili posude. Pokrijte i stavite u frižider na nekoliko sati dok se ne stegne. Za posluživanje, umočite lim ili lavor u i iz zdjele sa vrelom vodom da olabave, a zatim pažljivo prođite vrućim mokrim nožem oko stranica. Pre serviranja okrenite na mokri tanjir.

Grčka žele salata

Služi 6

Pripremite kao za žele mediteransku salatu, ali izostavite kapare i kornišone (kornišone). Dodajte 125g/4oz/1 šolju sitno iseckanog feta sira i 1 mali seckani luk. Zamijenite crne masline bez koštica očišćenim od koštica.

Ruska žele salata

Služi 6

Pripremite kao za žele mediteransku salatu, ali 90 ml/6 kašika majoneze zamijenite sokom od paradajza i vinom i 225 g/8 oz/2 šolje seckane šargarepe i krompira paradajzom i paprikom. Dodati 30 ml/2 kašike kuvanog graška.

Keleraba salata sa majonezom od senfa

Služi 6

900g/2lb kelerabe
75 ml/5 kašika kipuće vode
5 ml/1 kašičica soli
10 ml/2 kašičice limunovog soka
60–120 ml/4–6 kašika gustog majoneza
10–20 ml/2–4 kašičice senfa od celog zrna
Narezane rotkvice, za ukras

Korabu debelo oguliti, dobro oprati i svaku glavicu iseći na osam delova. Stavite u posudu od 1,25 litara/3 pt/7½ šolje vode, soli i limunovog soka. Pokrijte prozirnom folijom (plastičnom folijom) i prerežite dva puta da para izađe. Kuvajte do kraja 10-15 minuta, okrećući posudu tri puta, dok ne omekša. Ocijedite i isecite na kockice i stavite u posudu za mešanje. Pomiješajte majonez i senf i ubacite kelerabu u ovu smjesu dok se komadi dobro ne oblože. Prebacite u posudu za serviranje i ukrasite kriškama rotkvice.

Čaše od cvekle, celera i jabuke

Služi 6

60 ml/4 kašike hladne vode
15 ml/1 kašika želatina u prahu
225 ml/1 šolja soka od jabuke
30 ml/2 kašike sirćeta od maline
5 ml/1 kašičica soli
225g/8oz kuvane (nekiseljene) cvekle (cikle), krupno naribane
1 jestiva (desert) jabuka, oguljena i krupno narendana
1 stabljika celera, narezana na tanke šibice
1 mali luk, nasjeckan

U manju činiju sipajte 45ml/3 kašike hladne vode i umešajte želatin i ostavite 5 minuta da omekša. Otopite nepokriveno prilikom odmrzavanja 2-2½ minuta. Umiješajte preostalu hladnu vodu sa sokom od jabuke, sirćetom i solju. Hladno poklopite, a zatim stavite u frižider dok se tek ne zgusne i stegne. U delimično stegnuti žele dodajte cveklu, jabuku, celer i luk i lagano mešajte dok se dobro ne izmeša. Prebacite u šest malih navlaženih šoljica, zatim poklopite i stavite u frižider dok se ne stegne i stegne. Okrenite na pojedinačne tanjire.

Mock Waldorf Cups

Služi 6

Pripremite kao za čaše od cvekle, celera i jabuke, ali dodajte 30 ml/2 kašike seckanih oraha sa povrćem i jabukom.

Salata od celera sa belim lukom, majonezom i pistaćima

Služi 6

900 g/2 lb celera (korijen celera)
300 ml/½ pt/1¼ šolje hladne vode
15 ml/1 kašika limunovog soka
7,5 ml/1½ kašičice soli
1 češanj belog luka, zgnječen
45 ml/3 kašike krupno iseckanih pistacija
60–120 ml/4–8 kašika gustog majoneza
Listovi radiča i cijele pistacije, za ukras

Celer debelo ogulite, dobro operite i svaku glavicu isecite na osam delova. Stavite u posudu od 2,25 litara/4 pt/10 šoljica sa vodom, limunovim sokom i solju. Pokrijte prozirnom folijom (plastičnom folijom) i prerežite dva puta da para izađe. Kuvajte do kraja 20 minuta, okrećući posudu četiri puta. Ocijedite i narežite na kriške i stavite u posudu za miješanje. Dodajte beli luk i seckane pistacije. Dok je još toplo, prelijte majonezom dok se komadići celera dobro ne oblože.

Prebacite u posudu za serviranje. Prije serviranja ukrasite listićima radića i pistacijama, po mogućnosti dok su još malo topli.

Kontinentalna salata od celera

Server 4

Kolekcija finih i komplementarnih ukusa čini ovu božićnu salatu prikladnom za hladnu ćuretinu i đubrivo.

750 g/1½ lb celera (korijen celera)
75 ml/5 kašika kipuće vode
5 ml/1 kašičica soli
10 ml/2 kašičice limunovog soka
Za preliv:
30 ml/2 kašike kukuruznog ili suncokretovog ulja
15 ml/1 kašika slada ili sirćeta od jabukovače
15 ml/1 kašika napravljenog senfa
2,5–5 ml/½–1 kašičice semena kima
1,5 ml/¼ kašičice soli
5 ml/1 kašičica šećera od šećerne trske (super fini).
Svježe mljeveni crni biber

Celer debelo ogulite i narežite na male kockice. Stavite u posudu od 1,75 litara/3 pt/7½ šolje. Dodajte kipuću vodu, so i limunov sok. Pokrijte prozirnom folijom (plastičnom folijom) i prerežite dva puta da para izađe. Kuvajte do kraja 10-15 minuta, okrećući posudu tri puta, dok ne omekša. Drain. Sve preostale sastojke dobro umutiti. Dodajte u vrući celer i dobro promiješajte. Pokrijte i ostavite da se ohladi. Poslužite na sobnoj temperaturi.

Salata od celera sa slaninom

Server 4

Pripremite kao za kontinentalnu salatu od celera, ali dodajte 4 kriške slanine, pržene na žaru (pržene) i izmrvljene, istovremeno sa dresingom.

Salata od artičoke sa paprikom i jajima u toplom prelivu

Služi 6

400g/14oz/1 velika konzerva srca od artičoke, ocijeđena
400g/14oz/1 velika konzerva crveni pimientos, ocijeđen
10 ml/2 kašičice crvenog vinskog sirćeta
60 ml/4 kašike limunovog soka
125 ml/½ šolje maslinovog ulja
1 češanj belog luka, zgnječen
5 ml/1 kašičica kontinentalnog senfa
5 ml/1 kašičica soli
5 ml/1 kašičica šećera od šećerne trske (super fini).
4 veća tvrdo kuvana (tvrdo kuvana) jaja, oguljena i narendana
225 g/8 oz/2 šolje feta sira, na kockice

Artičoke prepolovite, a pimientos narežite na trakice. Ređajte naizmenično oko velikog tanjira, ostavljajući rupu u sredini. U manju činiju stavite sirće, limunov sok, ulje, beli luk, senf, so i šećer. Zagrijte, nepokriveno, na punoj temperaturi 1 minut, miješajući dvaput. Stavite jaje i sir na hrpu u sredinu salate i pažljivo prelijte vrućim prelivom.

Fil od žalfije i luka

Pravi 225-275g/8-10oz/1 1/3-1 2/3 šolje

Za svinjetinu.

25 g/1 oz/2 kašike putera ili margarina
2 glavice luka, prethodno kuvana (vidi tabelu na strani 45), iseckana
125 g/4 oz/2 šolje belih ili smeđih prezli
5 ml/1 kašičica sušene žalfije
Malo vode ili mlijeka
Sol i svježe mljeveni crni biber

Stavite puter ili margarin u posudu od 1 litra/1¾ pt/4¼ šolje. Toplo, nepokriveno, na punoj temperaturi 1 minut. Umiješajte luk, kuhajte otklopljeno 3 minute, miješajući svaki minut. Umiješajte krušne mrvice i žalfiju i dovoljno vode ili mlijeka da se poveže u mrvičastu konzistenciju. Začinite po ukusu. Koristiti kada je hladno.

Fil od celera i pesta

Pravi 225-275g/8-10oz/1 1/3-1 2/3 šolje

Za ribu i perad.

Pripremite kao za fil od žalfije i luka, ali luk zamijenite sa 2 sitno isjeckane stabljike celera. Prije začinjanja umiješajte 10 ml/2 kašičice zelenog pesta.

Fil od praziluka i paradajza

Pravi 225-275g/8-10oz/1 1/3-1 2/3 šolje

Za meso i živinu.

25 g/1 oz/2 kašike putera ili margarina
2 praziluka, samo bijeli dio, vrlo tanko narezan
2 paradajza, blanširana, oguljena i iseckana
125 g/4 oz/2 šolje mrvica svježeg bijelog hljeba
Sol i svježe mljeveni crni biber
Pileći temeljac moguće

Stavite puter ili margarin u posudu od 1 litra/1¾ pt/4¼ šolje. Toplo, nepokriveno, na punoj temperaturi 1 minut. Umiješajte praziluk, kuhajte otklopljeno na punoj temperaturi 3 minute, miješajući tri puta. Umiješajte paradajz i prezle i probajte. Vezati ako je potrebno. sa zalihama. Koristiti kada je hladno.

Punjenje od slanine

Pravi 225-275g/8-10oz/1 1/3-12/3 šolje

Za meso, perad i ribu sa jakim ukusom.

4 komada (kriške) slanine sa prugama, narezane na male komadiće
25 g/1 oz/2 kašike putera, margarina ili masti
125 g/4 oz/2 šolje mrvica svježeg bijelog hljeba
5ml/1 kašičica Worcestershire sosa
5 ml/1 kašičica napravljenog senfa
2,5 ml/½ kašičice sušenog mešanog bilja
Sol i svježe mljeveni crni biber
Mlijeko ako je potrebno

Stavite slaninu u posudu od 1 l/1¾ pt/4¼ šolje zajedno sa puterom, margarinom ili mašću. Kuvajte otklopljeno do punog stepena 2 minuta, jednom promešajte. Umiješajte krušne mrvice, Worcestershire sos, senf i začinsko bilje i kušajte. Vezati ako je potrebno. sa mlekom.

Fil od slanine i kajsije

Pravi 225-275g/8-10oz/1 1/3-1 2/3 šolje

Za perad i divljač

Pripremite kao nadjev od slanine, ali dodajte 6 dobro opranih i krupno nasjeckanih polovica kajsije sa začinskim biljem.

Fil od gljiva, limuna i timijana

Pravi 225-275g/8-10oz/1 1/3-1 2/3 šolje

Za perad.

25 g/1 oz/2 kašike putera ili margarina
125g/4oz pečuraka, narezanih na kriške
5 ml/1 kašičica sitno naribane limunove kore
2,5 ml/½ kašičice sušenog timijana
1 češanj belog luka, zgnječen
125 g/4 oz/2 šolje mrvica svježeg bijelog hljeba
Sol i svježe mljeveni crni biber
Mlijeko ako je potrebno

Stavite puter ili margarin u posudu od 1 litra/1¾ pt/4¼ šolje. Toplo, nepokriveno, na punoj temperaturi 1 minut. Umiješajte šampinjone i kuhajte otklopljeno 3 minute, dva puta miješajući. Umiješajte limunovu koricu, timijan, bijeli luk i prezle i okusite. Preliti mlekom samo ako fil ostane na suvoj strani. Koristiti kada je hladno.

Fil od gljiva i praziluka

Pravi 225-275g/8-10oz/1 1/3-12/3 šolje

Za perad, povrće i ribu.

25 g/1 oz/2 kašike putera ili margarina
1 praziluk, samo bijeli dio, vrlo tanko narezan
125g/4oz pečuraka, narezanih
125 g/4 oz/2 šolje mrvica svježeg braon kruha
30 ml/2 kašike seckanog peršuna
Sol i svježe mljeveni crni biber
Mlijeko ako je potrebno

Stavite puter ili margarin u posudu od 1,25 litara/2¼ pt/5½ šolje. Toplo, nepokriveno, na punoj temperaturi 1 minut. Umiješajte praziluk, kuhajte otklopljeno na punoj temperaturi 2 minute, jednom promiješajte. Umiješajte šampinjone, kuhajte otklopljeno 2 minute uz miješanje. Umiješajte prezle i peršun i probajte. Preliti mlekom samo ako fil ostane na suvoj strani. Koristiti kada je hladno.

Fil od šunke i ananasa

Pravi 225-275g/8-10oz/1 1/3-1 2/3 šolje

Za perad.

25 g/1 oz/2 kašike putera ili margarina
1 glavica luka, sitno iseckana
1 kolut svježeg ananasa, uklonjena koža i sjeckano meso
75 g/3 oz/¾ šolje kuvane šunke, seckane
125 g/4 oz/2 šolje mrvica svježeg bijelog hljeba
Sol i svježe mljeveni crni biber

Stavite puter ili margarin u posudu od 1 litra/1¾ pt/4¼ šolje. Toplo, nepokriveno, na punoj temperaturi 1 minut. Umiješajte luk, kuhajte otklopljeno 2 minute uz miješanje. Umiješajte ananas i šunku, kuhajte otklopljeno 2 minute uz miješanje. Premažite prezle i začinite po ukusu. Koristiti kada je hladno.

Punjenje od azijskih gljiva i indijskih oraščića

Pravi 225-275g/8-10oz/1 1/3-12/3 šolje

Za perad i ribu.

25 g/1 oz/2 kašike putera ili margarina
6 mladog luka (mladog luka), nasjeckanog
125g/4oz pečuraka, narezanih
125 g/4 oz/2 šolje mrvica svježeg braon kruha
45ml/3 kašike indijskih oraščića, pečenih
30 ml/2 kašike listova korijandera (korijandera).
Sol i svježe mljeveni crni biber
Moguce soja sos

Stavite puter ili margarin u posudu od 1,25 litara/2¼ pt/5½ šolje. Toplo, nepokriveno, na punoj temperaturi 1 minut. Umiješajte luk i kuhajte otklopljeno 2 minute, jednom promiješajte. Umiješajte šampinjone, kuhajte otklopljeno 2 minute uz miješanje. Umiješajte krušne mrvice, indijske orahe i korijander i okusite. Preliti soja sosom samo ako fil ostane na suvoj strani. Koristiti kada je hladno.

Fil od šunke i šargarepe

Pravi 225-275g/8-10oz/11/3-12/3 šolje

Za perad, jagnjetinu i divljač.

Pripremite kao za fil od šunke i ananasa, ali 2 narendane šargarepe zamijenite ananasom.

Fil od šunke, banana i kukuruza slatkog

Pravi 225-275g/8-10oz/11/3-12/3 šolje

Za perad.

Pripremite kao za fil od šunke i ananasa, ali 1 manju grubo zgnječenu bananu zamijenite ananasom. Dodajte 30ml/2 kašike kukuruza (kukuruza) sa prezlom.

Italijansko punjenje

Pravi 225-275g/8-10oz/1 1/3-1 2/3 šolje

Za jagnjetinu, perad i ribu.

30 ml/2 kašike maslinovog ulja
1 češanj belog luka
1 list celera, sitno isečen
2 paradajza, blanširana, oguljena i sitno iseckana
12 crnih maslina bez koštica, prepolovljenih
10 ml/2 kašičice seckanih listova bosiljka
125 g/4 oz/2 šolje svježih mrvica od italijanskog kruha kao što je ciabatta
Sol i svježe mljeveni crni biber

Stavite maslinovo ulje u posudu od 1 litra/1¾ pt/4¼ šolje. Toplo, nepokriveno, na punoj temperaturi 1 minut. Umiješajte bijeli luk i celer, kuhajte otklopljeno 2½ minute, jednom promiješajte. Umiješajte sve preostale sastojke. Koristite hladno.

Špansko punjenje

Pravi 225-275g/8-10oz/1 1/3-12/3 šolje

Za jaku ribu i perad.

Pripremite kao za italijanski nadjev, ali prepolovljene punjene masline zamijenite crnim maslinama bez koštica. Upotrijebite obične bijele prezle umjesto mrvica talijanskog kruha i dodajte 30 ml/2 žlice mljevenih (mljevenih) i tostiranih badema.

Fil od pomorandže i korijandera

Prinos 175g/6oz/1 šolja

Za meso i živinu.

25 g/1 oz/2 kašike putera ili margarina
1 mali luk, sitno nasjeckan
125 g/4 oz/2 šolje mrvica svježeg bijelog hljeba
Sitno narendana kora i sok od 1 narandže
45 ml/3 kašike sitno iseckanog lista korijandera
Sol i svježe mljeveni crni biber
Mlijeko ako je potrebno

Stavite puter ili margarin u posudu od 1 litra/1¾ pt/4¼ šolje. Toplo, nepokriveno, na punoj temperaturi 1 minut. Umiješajte luk i kuhajte otklopljeno do punog punjenja 3 minute, jednom promiješajte. Umiješajte mrvice, narandžinu koru i sok i korijander (korijander) i okusite. Preliti mlekom samo ako fil ostane na suvoj strani. Koristiti kada je hladno.

Fil od limete i korijandera

Čini 175g/6oz/1 šolju

Za ribu.

Pripremite kao za fil od pomorandže i korijandera, ali naranču zamijenite naribanom korom i sokom od 1 limete.

Fil od narandže i kajsije

Pravi 275g/10oz/12/3 šolje

Za bogato meso i živinu.

125g/4oz suhih kajsija, opranih
Vrući crni čaj
25 g/1 oz/2 kašike putera ili margarina
1 mali luk, nasjeckan
5 ml/1 kašičica sitno rendane kore pomorandže
Sok od 1 narandže
125 g/4 oz/2 šolje mrvica svježeg bijelog hljeba
Sol i svježe mljeveni crni biber

Potopite kajsije u vrući čaj najmanje 2 sata. Ocijedite i makazama narežite na male komade. Stavite puter ili margarin u posudu od 1,25 litara/2¼ pt/5½ šolje. Toplo, nepokriveno, na punoj temperaturi 1 minut. Dodajte luk. Kuvajte otklopljeno do punog stepena 2 minuta, jednom promešajte. Umiješajte sve preostale sastojke, uključujući i kajsije. Koristiti kada je hladno.

Fil od jabuka, grožđica i oraha

Pravi 275g/10oz/12/3 šolje

Za svinjetinu, jagnjetinu, patku i gusku.

25 g/1 oz/2 kašike putera ili margarina
1 jestiva (desert) jabuka, oguljena, narezana na četvrtine, očišćena od jezgre i nasjeckana
1 mali luk, nasjeckan
30 ml/2 kašike grožđica
30 ml/2 kašike seckanih oraha
5 ml/1 kašičica šećera od šećerne trske (super fini).
125 g/4 oz/2 šolje mrvica svježeg bijelog hljeba
Sol i svježe mljeveni crni biber

Stavite puter ili margarin u posudu od 1,25 litara/2¼ pt/5½ šolje. Toplo, nepokriveno, na punoj temperaturi 1 minut. Umiješajte jabuku i luk i kuhajte otklopljeno 2 minute, jednom promiješajte. Umiješajte sve preostale sastojke.Koristite hladno.

Punjenje od jabuka, suvih šljiva i brazilskih oraha

Pravi 275g/10oz/1 2/3 šolje

Za jagnjetinu i ćuretinu.

Pripremite kao za fil od jabuka, suvog grožđa i oraha, ali zamenite 8 suvih šljiva bez koštica i seckanih suvih šljiva i 30 ml/2 kašike. tanko narezani brazilski orasi.

Nadjev od jabuke, urme i lješnjaka

Pravi 275g/10oz/1 2/3 šolje

Za jagnjetinu i divljač.

Pripremite kao za fil od jabuka, grožđica i oraha, ali 45 ml/3 kašike iseckanih urmi zamenite suvim grožđem, a 30 ml/2 kašike pečenih i seckanih lešnika orasima.

Fil od belog luka, ruzmarina i limuna

Čini 175g/6oz/1 šolju

Za jagnjetinu i svinjetinu.

25 g/1 oz/2 kašike putera ili margarina
2 čena belog luka, zgnječena
Rendana kora 1 manjeg limuna
5 ml/1 kašičica sušenog ruzmarina, smrvljenog
15 ml/1 kašika seckanog peršuna
125 g/4 oz/2 šolje svježih mrvica bijelog ili smeđeg kruha
Sol i svježe mljeveni crni biber
Po potrebi mlijeko ili suho crno vino

Stavite puter ili margarin u posudu od 1 litra/1¾ pt/4¼ šolje. Toplo, nepokriveno, na punoj temperaturi 1 minut. Umiješajte češnjak i limunovu koricu, zagrijte otklopljeno 30 sekundi. Promiješajte i umiješajte ruzmarin, peršun i prezle. Začinite po ukusu. Povezati mlijekom ili vinom samo ako fil ostane na suhoj strani. Koristiti kada je hladno.

Fil od belog luka, ruzmarina i limuna sa parmezanom

Čini 175g/6oz/1 šolju.

Za govedinu.

Pripremite kao za fil od belog luka, ruzmarina i limuna, ali dodajte 45ml/3 kašike rendanog parmezana.

Punilo od ribe i školjki

Pravi 275g/10oz/12/3 šolje

Za ribu i povrće.

25 g/1 oz/2 kašike putera ili margarina
125 g/4 oz/1 šolja cijelih oguljenih škampa (škampi)
5 ml/1 kašičica sitno naribane limunove kore
125 g/4 oz/2 šolje mrvica svježeg bijelog hljeba
1 jaje, umućeno
Sol i svježe mljeveni crni biber
Mlijeko ako je potrebno

Stavite puter ili margarin u posudu od 1 litra/1¾ pt/4¼ šolje. Toplo, nepokriveno, na punoj temperaturi 1 minut. Umiješajte kozice, limunovu koricu, prezle i jaje i okusite. Preliti mlekom samo ako fil ostane na suvoj strani. Koristiti kada je hladno.

Punjenje parmske šunke

Pravi 275g/10oz/12/3 šolje

Za perad.

Pripremite se kao za nadjev od morskih plodova, ali zamijenite kozice (škampe) sa 75g/3oz/¾ šalice grubo sjeckane parmske šunke.

Punjenje od mesa kobasica

Pravi 275g/10oz/12/3 šolje

Za živinu i svinjetinu.

25 g/1 oz/2 kašike putera ili margarina
225 g/8 oz/1 šolja svinjskog ili goveđeg mesa kobasica
1 mali luk, narendani
30 ml/2 kašike sitno iseckanog peršuna
2,5 ml/½ kašičice senfa u prahu
1 jaje, umućeno

Stavite puter ili margarin u posudu od 1 litra/1¾ pt/4¼ šolje. Toplo, nepokriveno, na punoj temperaturi 1 minut. Umiješajte meso kobasice i luk. Kuhajte otklopljeno na punoj temperaturi 4 minute, miješajući svaki minut kako bi se meso kobasice dobro izlomilo. Umiješajte sve preostale sastojke. Koristite hladno.

Nadev od mesa kobasica i džigerice

Pravi 275g/10oz/12/3 šolje

Za perad.

Pripremite kao za punjenje od mesa kobasica, ali smanjite količinu mesa za kobasice na 175 g/6 oz/¾ šolje. Dodajte 50g/2oz/½ šolje krupno iseckanih pilećih jetrica sa mesom kobasice i lukom.

Filovati mesom kobasica i kukuruzom šećernom

Pravi 275g/10oz/12/3 šolje

Za perad.

Pripremite kao za nadjev za kobasice, ali na kraju kuvanja umiješajte 30–45 ml/2–3 žlice kuhanog kukuruza (kukuruza).

Fil od mesa kobasica i narandže

Pravi 275g/10oz/12/3 šolje

Za perad.

Pripremiti kao za nadjev za kobasice, ali na kraju kuvanja dodati 5-10 ml/1-2 kašičice sitno naribane kore pomorandže

Punjenje od kestena sa jajetom

Pravi 350g/12oz/2 šolje

Za perad.

125 g/4 oz/1 šolja sušenih kestena, namočenih preko noći u vodi, a zatim oceđenih
25 g/1 oz/2 kašike putera ili margarina
1 mali luk, narendani
1,5 ml/¼ kašičice mlevenog muškatnog oraščića
125 g/4 oz/2 šolje mrvica svježeg braon kruha
5 ml/1 kašičica soli
1 veće jaje, umućeno
15 ml/1 kašika duple (teške) pavlake

Stavite kestene u tepsiju od 1,25 litara/2¼ pt/5½ šolje (holandska rerna) i prelijte kipućom vodom. Ostavite 5 minuta. Pokrijte prozirnom folijom (plastičnom folijom) i prerežite dva puta da para izađe. Kuvajte do kraja 30 minuta dok kesteni ne omekšaju. Ocijedite i ostavite da se ohladi. Razbiti na male komadiće. Stavite puter ili margarin u posudu od 1,25 litara/2¼ pt/5½ šolje. Toplo, nepokriveno, na punoj temperaturi 1 minut. Dodajte luk. Kuvajte otklopljeno do punog stepena 2 minuta, jednom promešajte. Umiješajte kestene, muškatni oraščić, prezle, sol i jaje, povežite sa kremom. Koristiti kada je hladno.

Fil od kestena i brusnica

Pravi 350g/12oz/2 šolje

Za perad.

Pripremite kao za fil od kestena sa jajima, ali umesto jajima, fil povežite sa 30–45 ml/2–3 kašike sosa od brusnica. Dodajte malo kreme ako je nadjev na suvoj strani.

Kremasti fil od kestena

Pravi 900g/2lb/5 šoljica

Za perad i ribu.

50g/2oz/¼ šolje putera, margarina ili slanine
1 luk, narendani
500 g/1 lb 2 oz/2¼ šolje konzerviranog nezaslađenog kesten pirea
225 g/8 oz/4 šolje mrvica svježeg bijelog kruha
Sol i svježe mljeveni crni biber
2 jaja, umućena
Mlijeko ako je potrebno

Stavite puter, margarin ili kaplje u posudu od 1¾ quart/3 pt/7½ šolje. Toplo, nepokriveno, na punoj temperaturi 1½ minuta. Dodajte luk. Kuvajte otklopljeno do punog stepena 2 minuta, jednom promešajte. Dobro izmiješajte kesten pire, prezle, sol i biber po ukusu i jaja. Preliti mlekom samo ako fil ostane na suvoj strani. Koristiti kada je hladno.

Kremasti fil od kestena i kobasica

Pravi 900g/2lb/5 šoljica

Za perad i divljač.

Pripremite kao za kremasto punjenje od kestena, ali zamijenite 250g/9oz/veliku 1 šolju mesa kobasica sa pola kesten pirea.

Kremasti fil od kestena sa celim kestenima

Pravi 900g/2lb/5 šoljica

Za perad.

Pripremite kao za kremasti nadev od kestena, ali dodajte 12 kuvanih i izlomljenih kestena sa prezlom.

Fil od kestena sa peršunom i timijanom

Pravi 675 g/1½ lb/4 šolje

Za ćuretinu i piletinu.

15 ml/1 kašika putera ili margarina
5 ml/1 kašičica suncokretovog ulja
1 mali luk, sitno nasjeckan
1 češanj belog luka, zgnječen
50 g/2 oz/1 šolja mešavine suvog nadjeva od peršuna i timijana
440 g/15½ oz/2 šolje nezaslađenog kesten pirea iz konzerve
150 ml/¼ pt/2/3 šolje tople vode
Sitno narendana kora 1 limuna
1,5-2,5 ml/¼-½ kašičice soli

Stavite puter ili margarin i ulje u posudu od 1,25 litara/2¼ pt/5½ šolje. Toplo, nepokriveno, na punom 25 sekundi. Dodajte luk i beli luk. Kuvajte otklopljeno do kraja 3 minuta. Dodajte suvu smjesu za punjenje i dobro promiješajte. Kuvajte otklopljeno do punog stepena 2 minuta, dva puta mešajući. Izvadite iz mikrotalasne. Postepeno miješajte kesten pire naizmenično sa vrelom vodom dok ne postane jednoličan. Umiješajte limunovu koricu i sol po ukusu. Koristiti kada je hladno.

Punjenje od kestena sa gamonom

Pravi 675 g/1½ lb/4 šolje

Za ćuretinu i piletinu.

Pripremite kao za nadjev od kestena sa peršunom i timijanom, ali dodajte 75g/3oz/¾ šolje mljevenog kestena sa limunovom koricom i soli.

Punjenje od pileće džigerice

Pravi 350g/12oz/2 šolje

Za perad i divljač.

125 g/4 oz/2/3 šolje pilećih jetrica
25 g/1 oz/2 kašike putera ili margarina
1 luk, narendani
30 ml/2 kašike sitno iseckanog peršuna
1,5 ml/¼ kašičice mlevene za sve namene
125 g/4 oz/2 šolje svježih mrvica bijelog ili smeđeg kruha
Sol i svježe mljeveni crni biber
Pileći temeljac moguće

Jetricu operite i osušite na kuhinjskom papiru. Narežite na male komadiće. Stavite puter ili margarin u posudu od 1,25 litara/2¼ pt/5½ šolje. Toplo, nepokriveno, na punoj temperaturi 1 minut. Dodajte luk. Kuvajte otklopljeno do punog stepena 2 minuta, jednom promešajte. Dodajte džigerice. Kuvajte otklopljeno tokom odmrzavanja 3 minuta, mešajući 3 puta. Umiješajte peršun, aleve paprike i prezle i okusite. Povežite sa malo temeljca samo ako je nadjev na suvoj strani. Koristiti kada je hladno.

Punjenje od pileće džigerice sa pecanima i narandžom

Pravi 350g/12oz/2 šolje

Za perad i divljač.

Pripremite kao za nadjev od pileće džigerice, ali dodajte 30ml/2tbsp ispucanih pekana i 5ml/1tsp sitno narendane kore narandže sa koricom.

Punjenje od trostrukog oraha

Pravi 350g/12oz/2 šolje

Za živinu i meso.

15 ml/1 kašika susamovog ulja
1 češanj belog luka, zgnječen
125 g/4 oz/2/3 šolje fino mlevenih lešnika
125 g/4 oz/2/3 šolje fino mlevenih oraha
125 g/4 oz/2/3 šolje fino mlevenih badema
Sol i svježe mljeveni crni biber
1 jaje, umućeno

Sipajte ulje u prilično veliku posudu. Toplo, nepokriveno, na punoj temperaturi 1 minut. Dodati beli luk. Kuvajte otklopljeno na punoj temperaturi 1 minut. Umiješajte sve orahe i okusite. Povežite sa jajetom. Koristiti kada je hladno.

Fil od krompira i ćureće jetre

Pravi 675 g/1½ lb/4 šolje

Za perad.

450g/1lb pobrašnjenog krompira
25 g/1 oz/2 kašike putera ili margarina
1 glavica luka, nasjeckana
2 komada (kriške) slanine sa prugama, nasjeckane
5 ml/1 kašičica suvog mešanog bilja
45 ml/3 kašike sitno iseckanog peršuna
2,5 ml/½ kašičice mlevenog cimeta
2,5 ml/½ kašičice mlevenog đumbira
1 jaje, umućeno
Sol i svježe mljeveni crni biber

Krompir skuvajte prema uputstvu za kremasti krompir, ali koristite samo 60 ml/4 kašike vode. Ocijedite i zgnječite. Stavite puter ili margarin u posudu od 1,25 litara/2¼ pt/5½ šolje. Toplo, nepokriveno, na punoj temperaturi 1 minut. Umiješajte luk i slaninu, kuhajte otklopljeno 3 minute uz miješanje dva puta. Pomiješajte sve preostale sastojke, uključujući i krompir, začinite po ukusu. Koristiti kada je hladno.

Pirinčan fil sa začinskim biljem

Pravi 450 g/1 lb/2 2/3 šolje

Za perad.

125 g/4 oz/2/3 šolje lagano kuvanog pirinča dugog zrna
250 ml/1 šolja kipuće vode
2,5 ml/½ kašičice soli
25 g/1 oz/2 kašike putera ili margarina
1 mali luk, narendani
5 ml/1 kašičica seckanog peršuna
5 ml/1 kašičica listova korijandera (korijandera).
5 ml/1 kašičica žalfije
5 ml/1 kašičica listova bosiljka

Skuvajte pirinač sa vodom i solju prema uputstvu. Stavite puter ili margarin u posudu od 1,25 litara/2¼ pt/5½ šolje. Toplo, nepokriveno, na punoj temperaturi 1 minut. Umiješajte luk i kuhajte otklopljeno 1 minut, jednom promiješajte. Pomiješajte pirinač i začinsko bilje. Koristite kada je hladno.

Španski fil od pirinča sa paradajzom

Pravi 450 g/1 lb/22/3 šolje

Za perad.

125 g/4 oz/2/3 šolje lagano kuvanog pirinča dugog zrna
250 ml/1 šolja kipuće vode
2,5 ml/½ kašičice soli
25 g/1 oz/2 kašike putera ili margarina
1 mali luk, narendani
30 ml/2 kašike seckane zelene paprike
1 paradajz, seckani
30 ml/2 kašike seckanih punjenih maslina

Skuvajte pirinač sa vodom i solju prema uputstvu. Stavite puter ili margarin u posudu od 1,25 litara/2¼ pt/5½ šolje. Toplo, nepokriveno, na punoj temperaturi 1 minut. Umiješajte luk, zelenu papriku, paradajz i masline, kuhajte otklopljeno 2 minute uz miješanje. Umiješajte pirinač. Koristite kada je hladan.

Voćni fil od pirinča

Pravi 450 g/1 lb/2 2/3 šolje

Za perad.

125 g/4 oz/2/3 šolje lagano kuvanog pirinča dugog zrna
250 ml/1 šolja kipuće vode
2,5 ml/½ kašičice soli
25 g/1 oz/2 kašike putera ili margarina
1 mali luk, narendani
5 ml/1 kašičica seckanog peršuna
6 polovina suvih kajsija, iseckanih
6 suvih šljiva bez koštica, nasjeckanih
5 ml/1 kašičice sitno naribane kore klementine ili satsuma

Skuvajte pirinač sa vodom i solju prema uputstvu. Stavite puter ili margarin u posudu od 1,25 litara/2¼ pt/5½ šolje. Toplo, nepokriveno, na punoj temperaturi 1 minut. Umiješajte luk, peršun, kajsije, suve šljive i ogulite. Kuvajte otklopljeno do pune 1 minut, jednom miješajući. Umiješajte pirinač. Koristite kada je hladan.

Punjenje od riže Oca Istoka

Pravi 450 g/1 lb/22/3 šolje

Za perad.

Pripremite kao za fil od pirinča sa začinskim biljem, ali koristite samo cilantro (korijander). Dodajte 6 pleha i narezane vodene kestene i 30 ml/2 kašike krupno iseckanih pečenih indijskih oraščića zajedno sa lukom.

Ukusan fil od pirinča sa orasima

Pravi 450 g/1 lb/22/3 šolje

Za perad.

Pripremite kao za fil od pirinča sa začinskim biljem, ali koristite samo peršun. Dodajte 30ml/2 kašike isečenih (narezanih) i prženih badema i 30ml/2 kašike slanog kikirikija sa lukom.

Chocolate Crispies

Uradite 16

75 g/3 oz/2/3 šolje putera ili margarina
30ml/2 kašike zlatnog (svetlog kukuruznog) sirupa, otopljenog
15 ml/1 kašika kakao (nezaslađena čokolada) praha, prosijanog
45 ml/3 kašike šećera u prahu (super finog) šećera
75 g/3 oz/1½ šolje kukuruznih pahuljica

Otopite puter ili margarin i sirup bez poklopca prilikom odmrzavanja 2-3 minute. Umiješajte kakao i šećer, dodajte kukuruzne pahuljice velikom metalnom kašikom, miješajući dok se dobro ne obloži. Sipajte u papirne kalupe za torte (papir za kolače), stavite na dasku ili pleh i stavite u frižider dok se ne stegne.

Torta od đavolje hrane

Služi 8

San o sjevernoameričkoj torti od procesora hrane lagane i prozračne teksture i dubokog okusa čokolade.

100g/4oz/1 šolja obične (poluslatke) čokolade, izlomljene na komadiće
225 g/8 oz/2 šolje brašna koje se samo diže
25 g/1 oz/2 žlice kakao (nezaslađena čokolada) praha
1,5 ml/¼ kašičice sode bikarbone (sode bikarbone)
200g/7oz/mala 1 šolja tamnog mekog smeđeg šećera
150g/5oz/2/3 šolje putera ili mekog margarina, na kuhinjskoj temperaturi
5 ml/1 kašičica esencije vanile (ekstrakt)
2 velika jaja, sobne temperature
120 ml/½ šolje mlaćenice ili 60 ml/4 kašike obranog mleka i običnog jogurta
Glazura (konditorski proizvodi) za sušenje

Dno i stranice duboke posude za sufle promjera 20 cm/8 obložite prozirnom folijom (plastičnom folijom). Otopite čokoladu u maloj posudi na odmrzivaču 3-4 minuta, dva puta promiješajte. Brašno, kakao i sodu bikarbonu prosijte direktno u zdjelu procesora hrane. Dodajte otopljenu čokoladu sa svim preostalim sastojcima i kuhajte oko 1 minut, ili dok se sastojci dobro ne sjedine i smjesa bude poput gustog tijesta. Sipajte u pripremljenu posudu i lagano prekrijte kuhinjskim papirom. Kuvajte do kraja 9-10 minuta, okrećući posudu dva puta, dok se kolač ne podigne do ivice posude i dok se vrh ne pokrije malim, izlomljenim mjehurićima i izgleda prilično suvo. Ako ostanu ljepljive mrlje, kuhajte na punoj temperaturi još 20-30 sekundi. Ostavite u mikrotalasnoj oko 15 minuta (kolač će malo pasti), pa ga izvadite i ostavite da se ohladi, dok ne bude samo toplo. Pažljivo izvadite iz posude prianjajući za prozirnu foliju i prebacite na rešetku da se potpuno ohladi. Skinite prozirnu foliju i pospite vrh prosijanim šećerom u prahu prije serviranja. Čuvati u hermetički zatvorenoj posudi.

Mocha Torte

Služi 8

Pripremite kao za kolač od Đavolje hrane, ali tortu prerežite vodoravno na tri sloja kada je hladna. Umutiti 450 ml/¾ pt/2 šolje duple (teške) ili vrhnja za šlag dok ne postane gusta. Zasladite po ukusu sa malo prosijanog šećera, a zatim prilično začinite hladnom crnom kafom. Upotrijebite malo kreme za slaganje slojeva torte, a zatim preokrenite ostatak preko vrha i sa strane. Malo ohladite prije serviranja.

Višeslojna torta

Služi 8

Pripremite kao za kolač od Đavolje hrane, ali tortu prerežite vodoravno na tri sloja kada je hladna. Sendvič zajedno sa džemom od kajsija, šlagom i rendanom čokoladom ili čokoladnim namazom.

Švarcvaldska torta od trešnje

Služi 8

Pripremite kao i kolač od Đavolje hrane, ali kada je hladan, tortu prerežite vodoravno na tri sloja i svaki navlažite likerom od višanja. Sendvič zajedno sa džemom od višanja (konzerva) ili nadjevom od višanja. Umutiti 300 ml/½ pt/1¼ šolje duplo (teško) ili vrhnje za šlag dok ne postane gusto. Premažite po vrhu i sa strane torte. Zdrobljenu čokoladnu ljuspicu ili rendanu čokoladu pritisnite sa strane, a zatim ukrasite vrh prepolovljenim glaziranim (kandiranim) višnjama.

Chocolate Orange Gateau

Služi 8

Pripremite kao kolač od Đavolje hrane, ali ohlađenu tortu prerežite horizontalno na tri sloja i svaki navlažite likerom od narandže. Sendvič zajedno sa sitno rendanom marmeladom od pomorandže i tankim slojem marcipana (masa od badema). Umutiti 300 ml/½ pt/1¼ šolje duplo (teško) ili vrhnje za šlag dok ne postane gusto. Obojite i lagano zasladite sa 10-15ml/2-3 kašičice crnog sirupa (melase), zatim umešajte 10ml/2 kašičice rendane kore pomorandže. Premažite po vrhu i sa strane kolača.

Čokoladna kremasta torta

Servira 8-10

30 ml/2 kašike kakao (nezaslađena čokolada) praha
60 ml/4 kašike kipuće vode
175 g/6 oz/¾ šolje putera ili margarina, na sobnoj temperaturi
175g/6oz/¾ šolje tamnog mekog smeđeg šećera
5 ml/1 kašičica esencije vanile (ekstrakt)
3 jaja, sobne temperature
175 g/6 oz/1½ šolje brašna koje se samo diže
15 ml/1 kašika crnog sirupa (melase)
Glazura od buttercrema
Glazura (konditorski proizvodi) za sušenje (opciono)

Čvrsto obložite dno i stranice posude za sufle dimenzija 18 x 9 cm/7 x 3½ promjera prozirnom folijom (plastičnom folijom), dopuštajući joj da malo visi preko ruba. Kakao glatko pomiješajte sa kipućom vodom. Izmiksajte puter ili margarin, šećer i esenciju vanilije dok ne postanu pjenasti. Umutite jedno po jedno jaje i u svako jaje dodajte 15 ml/1 kašiku brašna. Umiješajte preostalo brašno sa crnim sirupom dok ne postane glatko. Ravnomjerno rasporedite u pripremljenu posudu i lagano prekrijte kuhinjskim papirom. Pecite do kraja 6-6½ minuta, dok se kolač dobro ne diže i više ne izgleda vlažan na vrhu. Nemojte prepeći ili će se kolač stisnuti i postati žilav. Ostavite 5 minuta, a zatim izvadite tortu iz posude držeći prozirnu foliju (plastični omot) i prebacite na rešetku. Pažljivo skinite foliju i ostavite da se ohladi.

Kolač vodoravno prerežite na tri sloja i premažite ga glazurom (glazurom). Pre rezanja pospite vrh prosijanim šećerom u prahu, ako želite.

Čokoladna Mocha torta

Servira 8-10

Pripremite kao za čokoladni puter krem tortu, ali začinite krem glazuru od putera (glazuru) sa 15 ml/1 kašika vrlo jake crne kafe. Za intenzivniji ukus dodajte 5 ml/1 kašičicu mlevene kafe sa tečnom kafom.

Narandžasto-čok kolač

Servira 8-10

Pripremite kao za čokoladnu tortu sa maslacem, ali u sastojke za tortu dodajte 10 ml/2 kašičice naribane kore pomorandže.

Dvostruka čokoladna torta

Servira 8-10

Pripremite kao za tortu sa čokoladnim puter kremom, ali u glazuru (glazuru) dodajte 100g/4oz/1 šolju otopljene i ohlađene obične (poluslatke) čokolade. Ostavite da se stvrdne prije upotrebe.

Torta od šlaga i oraha

Servira 8-10

1 čokoladna torta sa maslacem
300 ml/½ pt/1¼ šolje duple (teške) kreme
150 ml/¼ pt/2/3 šolje vrhnja za šlag
45 ml/3 kašike šećera (konditorskog šećera), prosijanog
Bilo koja aromatična esencija (ekstrakt), kao što je vanilija, ruža, kafa, limun, narandža, badem, ratafija
Orašasti plodovi, čokoladne strugotine, srebrni dražeji, kristalizirane latice cvijeća ili glazirano (kandirano) voće za dekoraciju

Preseći kolač vodoravno na tri sloja. Umutiti kreme dok ne postanu guste. Umiješajte šećer u prahu i okusite. Korite torte premazati kremom i ukrasiti gornji dio po želji.

Christmas Gateau

Servira 8-10

1 čokoladna torta sa maslacem
45 ml/3 kašike džema od malina bez koštica (konzervirano)
marcipan (pasta od badema)
300 ml/½ pt/1¼ šolje duple (teške) kreme
150 ml/¼ pt/2/3 šolje vrhnja za šlag
60 ml/4 kašike šećera (super finog).
Glacé (ušećerene) trešnje i jestive grančice božikovine za dekoraciju

Kolač iseći na tri sloja i sendvič zajedno sa džemom preliven tanko razvaljanim okruglim marcipanom. Pjenasto umutite kremu i šećer u prahu i pokrijte vrh i stranice torte. Gornji deo ukrasite višnjama i božikovinom.

American Brownies

Uradite 12

50g/2oz/½ šolje obične (poluslatke) čokolade, izlomljene na komadiće
75 g/3 oz/2/3 šolje putera ili margarina
175g/6oz/¾ šolje tamnog mekog smeđeg šećera
2 jaja, na kuhinjskoj temperaturi, umućena
150 g/5 oz/1¼ šolje višenamenskog brašna
1,5 ml/¼ kašičice praška za pecivo
5 ml/1 kašičica esencije vanile (ekstrakt)
30 ml/2 kašike hladnog mleka
Glazura (konditorski proizvodi) za sušenje

Maslac i red a 25 x 16 3 5 cm/10 x 6½ 3 2 u posudu. Otopite čokoladu i puter ili margarin do kraja 2 minute, miješajte dok se dobro ne sjedine. Umutiti šećer i jaja dok se dobro ne sjedini. Prosejati brašno i prašak za pecivo, pa lagano umešati u čokoladnu smesu sa esencijom vanilije i mlekom. Ravnomjerno rasporedite u pripremljenu posudu i lagano prekrijte kuhinjskim papirom. Pecite do kraja 7 minuta, dok se kolač dobro ne digne i dok se vrh ne začini malim izlomljenim otvorima za vazduh. Ostavite da se hladi u posudi 10 minuta. Izrežite na kvadrate, vrhove prilično gusto pospite šećerom u prahu i ostavite da se potpuno ohlade na rešetki. Čuvati u hermetički zatvorenoj posudi.

Brownies od čokoladnih orašastih plodova

Uradite 12

Pripremite kao za American Brownies, ali dodajte 90ml/6 kašika krupno seckanih oraha sa šećerom. Kuvajte još 1 minut.

Oaten karamela trouglovi

Uradite 8

125 g/4 oz/½ šolje putera ili margarina
50g/2oz/3tbsp zlatnog (svetlog kukuruznog) sirupa
25 ml/1½ kašike crnog sirupa (melase)
100g/4oz/½ šolje tamnog mekog smeđeg šećera
225 g/2 šolje ovsenih pahuljica

Duboku posudu prečnika 20 cm/8 temeljno podmažite. Otopite puter, potočić, potočić i šećer nepokrivene u odleđivanju 5 minuta. Umiješajte zob i smjesu rasporedite u posudu. Kuvajte otklopljeno do punog stepena 4 minute, okrećući jednom. Ostavite 3 minute. Kuvajte još 1½ minuta. Ostavite da se ohladi do mlakog, a zatim isecite na osam trouglova. Izvadite iz posude kada se ohladi i čuvajte u hermetički zatvorenoj posudi.

Muesli trouglovi

Uradite 8

Pripremite se kao za Oaten Toffee Triangles, ali kašu zamijenite nezaslađenim muslijem.

Chocolate Queenies

Uradite 12

125 g/4 oz/1 šolja brašna koje se samo diže
30 ml/2 kašike kakao (nezaslađena čokolada) praha
50 g/2 oz/¼ šolje putera ili margarina, na kuhinjskoj temperaturi
50 g/2 oz/¼ šolje svetlo mekog smeđeg šećera
1 jaje
5 ml/1 kašičica esencije vanile (ekstrakt)
30 ml/2 kašike hladnog mleka
Flormelis (konditorski) šećer ili čokoladni namaz za dekoraciju (po želji)

Prosejati brašno i kakao zajedno. U posebnoj posudi umutite puter ili margarin i šećer dok ne omekšaju. Umutiti jaja i esenciju vanilije.Smešu brašna naizmenično umešati sa mlekom, brzo miješati viljuškom bez mućenja. Podijelite između 12 papirnih kutija za torte (papiri za kolače). Stavljajte šest po šest na staklenu ili plastičnu tepsiju, lagano pokrijte kuhinjskim papirom i kuhajte na punoj temperaturi 2 minute. Ohladite na rešetki. Po želji pospite prosijanim šećerom u prahu ili prelijte čokoladnim namazom. Čuvati u hermetički zatvorenoj posudi.

Flaky Chocolate Queenies

Uradite 12

Pripremite kao za čokoladne kraljice, ali zgnječite malu čokoladnu pločicu i lagano je umiješajte u smjesu za torte nakon što dodate jaja i esenciju vanilije.

Doručak kolač od mekinja i ananasa

Čini oko 12 komada

Prilično gusta torta i korisna užina za doručak poslužena uz jogurt i piće.

100 g/3½ oz/1 šolja žitarica svih mekinja
50 g/2 oz/¼ šolje tamnog mekog smeđeg šećera
175g/6oz zdrobljenog ananasa iz konzerve
20 ml/4 kašičice gustog meda
1 jaje, umućeno
300 ml/½ pt/1¼ šolje obranog mleka
150 g/5 oz/1¼ šolje integralnog brašna koje se samo diže

Čvrsto obložite dno i stranice posude za sufle promjera 18 cm/7 prozirnom folijom (plastičnom folijom), dopuštajući da vrlo malo visi preko ruba. U činiju stavite žitarice, šećer, ananas i med. Pokrijte tanjirom i ponovo zagrijte na Odmrzavanje 5 minuta. Umiješajte preostale sastojke, brzo miješajte bez mućenja. Prebacite u pripremljeno jelo. Pokrijte lagano kuhinjskim papirom i pecite na odmrzavanje 20 minuta, okrećući posudu četiri puta. Ostavite da se ohladi dok se ne zagrije, a zatim prebacite na rešetku tako što ćete zalijepiti za prozirnu foliju. Kada se potpuno ohladi, čuvajte u hermetički zatvorenoj posudi 1 dan prije rezanja.

Voćno čokoladni biskvit Crunch cake

Uradite 10-12

200g/7oz/mala 1 šolja obične (poluslatke) čokolade, izlomljene na kvadrate
225 g/8 oz/1 šolja neslanog (slatkog) putera (ne margarina)
2 velika jaja, na kuhinjskoj temperaturi, umućena
5 ml/1 kašičica esencije vanile (ekstrakt)
75 g/3 oz/¾ šolje krupno seckanih mešanih orašastih plodova
75 g/3 oz/¾ šolje nasjeckanog kristaliziranog ananasa ili papaje
75 g/3 oz/¾ šolje mlevenog kristalizovanog đumbira
25 ml/1½ kašike šećera (konditorskog šećera), prosijanog
15ml/1 kašika voćnog likera, kao što je Grand Marnier ili Cointreau
225g/8oz običnih slatkih krekera (kolačića) kao što su digestivi (graham krekeri), svaki izrezan na 8 komada

Dno i stranice posude prečnika 20 cm ili sendvič forme (tepsije) dobro prekrijte prozirnom folijom (plastičnom folijom). U velikoj, nepokrivenoj posudi otopite komadiće čokolade u pećnici za odmrzavanje 4-5 minuta dok ne omekšaju, ali i dalje zadrže svoj izvorni oblik. Maslac narežite na krupnije kockice i rastopite otklopljeno prilikom odmrzavanja 2-3 minute. Dobro umiješati otopljenu čokoladu sa jajima i esencijom vanilije. Pomiješajte sve preostale sastojke.Kada se dobro izmiješa, raširite u pripremljeni lim i prekrijte folijom ili prozirnom folijom (plastičnom folijom). Ohladite

24 sata, a zatim pažljivo izvadite i skinite prozirnu foliju. Narežite na kockice za serviranje. Između serviranja držite u frižideru, jer na sobnoj temperaturi kolač omekša.

Fruit Mocha Biscuit Crunch Cake

Uradite 10-12

Pripremite kao za Fruity Chocolate Biscuit Crunch Cake, ali otopite 20 ml/4 kašičice instant kafe u prahu ili granula sa čokoladom, a liker od kafe zamenite voćnim likerom.

Crunch Cake sa voćnim rumom i suvo grožđem

Uradite 10-12

Pripremite kao za Fruity Chocolate Biscuit Crunch Cake, ali zamijenite 100g/3½oz/¾ šolje grožđica kristalizovanim voćem, a tamni rum zamijenite likerom.

Crunch Cake od voćnog viskija i keksa od narandže

Uradite 10-12

Pripremite kao za Crunch Cake sa voćnim i čokoladnim keksima, ali u čokoladu i puter umiješajte sitno narendanu koru 1 narandže, a viski zamijenite likerom.

Crunch torta sa bijelom čokoladom

Uradite 10-12

Pripremite kao za voćnu čokoladnu biskvitnu tortu, ali bijelu čokoladu zamijenite tamnom.

Dvoslojni cheesecake od kajsija i malina

Služi 12

Za bazu:

100 g/3½ oz/½ šolje putera

225 g/8 oz/2 šolje čokoladnih mrvica digestivnog graham krekera

5 ml/1 kašičica mešanog (pita od jabuka) začina

Za sloj kajsije:

60 ml/4 kašike hladne vode

30 ml/2 kašike želatina u prahu

500 g/1 lb 2 oz/2¼ šolje skute (glatki svježi) sir

250 g/9 oz/1¼ šoljice fraisa ili kvarka

60 ml/4 kašike glatkog džema od kajsija (konzerva)

75 g/3 oz/2/3 šolje (super finog) šećera

3 jaja, odvojena

Prstohvat soli

Za sloj maline:

45 ml/3 kašike hladne vode

15 ml/1 kašika želatina u prahu

225g/8oz svježih malina, zgnječenih i prosijanih (prosijanih)
30 ml/2 kašike šećera u prahu (super finog) šećera
150 ml/¼ pt/2/3 šolje duple (teške) kreme

Za dekoraciju:
Svježe maline, jagode i ribizle

Da biste napravili podlogu, rastopite puter nepokriven prilikom odmrzavanja 3-3½ minuta. Umiješajte mrvice keksa i pomiješane začine, ravnomjerno rasporedite po dnu kalupa za opruge prečnika 25 cm/10. Ohladite 30 minuta dok se ne stegne.

Da napravite sloj od kajsije, stavite vodu i želatin u posudu i dobro promiješajte. Ostavite 5 minuta dok ne omekša. Otopite nepokriveno prilikom odmrzavanja 2½-3 minuta. Ubacite skutu, sir ili kvark, džem, šećer i žumanca u mašinu za obradu hrane i pustite mašinu dok se sastojci dobro ne izmešaju. Istrugajte u veliku zdjelu, pokrijte tanjirom i ohladite dok se tek ne zgusne i stegne oko ruba. Umutiti bjelanca i sol u čvrst snijeg. Umutite trećinu smjese sira, a zatim metalnom kašikom ili lopaticom umiješajte ostatak. Ravnomerno rasporedite po podlozi od keksa. Pokrijte lagano kuhinjskim papirom i ostavite u frižideru najmanje 1 sat dok se ne stegne.

Da napravite sloj od malina, stavite vodu i želatin u posudu i dobro promiješajte. Ostavite 5 minuta dok ne omekša. Otopite nepokriveno prilikom odmrzavanja 1½-2 minuta. Pomiješajte sa pireom od malina i šećerom. Pokrijte folijom ili prozirnom folijom (plastičnom folijom) i stavite u frižider dok se ne zgusne i sleže oko ivica. Umutiti vrhnje dok ne omekša. Umutite trećinu voćne smjese, a zatim metalnom kašikom ili lopaticom umiješajte ostatak. Ravnomjerno rasporedite po smjesi za čizkejk. Dobro poklopite i stavite u frižider na nekoliko sati dok se ne stegne. Za serviranje nožem umočenim u vrelu vodu prođite oko unutrašnje ivice da olabavite kolač od sira. Otpustite konzervu i uklonite stranicu. Gornju stranu ukrasite voćem. Narežite na porcije nožem umočenim u vruću vodu.

Cheesecake sa maslacem od kikirikija

Služi 10

Za bazu:

100 g/3½ oz/½ šolje putera

225 g/8 oz/2 šolje mrvica medenjaka (kolačića).

Za preljev:

90 ml/6 kašika hladne vode

45 ml/3 kašike želatina u prahu

750 g/1½ lb/3 šolje skute (glatki svježi sir).

4 jaja, odvojena

5 ml/1 kašičica esencije vanile (ekstrakt)

150g/5oz/2/3 šolje šećera (super fino).

Prstohvat soli

150 ml/¼ pt/2/3 šolje duple (teške) kreme

60ml/4 kašike glatkog putera od kikirikija, na kuhinjskoj temperaturi

Slano nasjeckani ili obični kikiriki (po želji)

Da biste napravili podlogu, rastopite puter nepokriven prilikom odmrzavanja 3-3½ minuta. Umiješajte mrvice keksa, rasporedite po dnu kalupa za opruge prečnika 20 cm/8 i ostavite u frižideru 20-30 minuta dok se ne stegne.

Da napravite preliv, stavite vodu i želatin u posudu i dobro promešajte. Ostavite 5 minuta da omekša. Otopite nepokriveno prilikom odmrzavanja 3-3½ minuta. Sir, žumance, esenciju vanilije i šećer stavite u procesor za hranu i pustite mašinu dok ne postane glatko. Ubacite u veliku zdjelu. Umutiti bjelanca i sol u čvrst snijeg. Umutiti vrhnje dok ne omekša. U smjesu sira naizmenično umiješati bjelanjke i kremu. Na kraju umiješajte puter od kikirikija, ravnomjerno rasporedite u pripremljeni pleh, dobro poklopite i ostavite u frižideru najmanje 12 sati. Za posluživanje, nožem umočenim u vrelu vodu prođite sa strane da se olabavi. Oslobodite limenku i uklonite stranice. Po želji ukrasite seckanim kikirikijem. Narežite na porcije nožem umočenim u vruću vodu.

Lemon Curd Cheesecake

Služi 10

Pripremite kao za Cheesecake sa maslacem od kikirikija, ali zamenite puter od kikirikija sa limunom.

Čokoladni cheesecake

Služi 10

Pripremite kao za Cheesecake sa maslacem od kikirikija, ali puter od kikirikija zamijenite čokoladnim namazom.

Sharon Fruit Cheesecake

Služi 10

Recept, koji mi je poslala žena sa Novog Zelanda, baziran na voću tamarilo nalik paradajzu. Budući da ih nije uvijek lako nabaviti, plodovi zimnice šarona su odlična zamjena, pa čak i sliči na hurmaš, sve dok su vrlo zreli.

Za bazu:

175 g/6 oz/¾ šolje putera

100 g/3½ oz/½ šolje svijetlog mekog smeđeg šećera

225g/8oz mrvica sladnog keksa (kolačića).

Za fil:

4 šaronska voća, iseckana

100g/4oz/½ šolje svijetlo mekog smeđeg šećera

30 ml/2 kašike želatina u prahu

30 ml/2 kašike hladne vode

300 g/10 oz/1¼ šolje krem sira

3 velika jaja, odvojena

Sok od ½ limuna

Temeljito isperite tepsiju od 25 cm/10 u prečniku i ostavite je mokrom. Otopite puter ili margarin bez poklopca prilikom odmrzavanja 3-3½ minuta. Umiješajte šećer i kekse i ravnomjerno pritisnite po dnu kalupa. Ohladite dok pripremate fil za tortu.

Da napravite fil, stavite šaron voće u posudu i pospite polovinom šećera. Želatin stavite u činiju i umiješajte vodu i ostavite 5 minuta dok ne omekša. Otopite nepokriveno prilikom odmrzavanja 3-3½ minuta. U posebnoj posudi umutite sir dok ne postane mekan, pa umiješajte želatin, žumanca, limunov sok i preostali šećer. Bjelanjke umutite u čvrst snijeg. Naizmjenično dodajte smjesu sira sa šaron voćem. Prelijte podlogu od keksa i ostavite u frižideru preko noći. Za posluživanje nožem umočenim u vruću vodu prođite oko bočne strane da olabavi, zatim olabavite lim i uklonite stranice.

Cheesecake od borovnica

Služi 10

Pripremite kao za Sharon Fruit Cheesecake, ali zamijenite Sharon voće sa 350g/12oz borovnica.

Pečeni Cheesecake od limuna

Služi 10

Za bazu:
75 g/3 oz/1/3 šolje putera, na kuhinjskoj temperaturi
175 g/6 oz/1½ šolje mrvica digestivnog krekera (graham krekera)

30 ml/2 kašike šećera u prahu (super finog) šećera

Za fil:

450 g/1 lb/2 šolje srednje masne skute (glatka kućica) na temperaturi u kuhinji

75 g/3 oz/1/3 šolje (super finog) šećera

2 velika jaja, sobne temperature

5 ml/1 kašičica esencije vanile (ekstrakt)

15 ml/1 kašika kukuruznog brašna (kukuruzni skrob)

Sitno narendana kora i sok od 1 limuna

150 ml/¼ pt/2/3 šolje duple (teške) kreme

150 ml/5 oz/2/3 šolje kisele (mlečne) pavlake

Da biste napravili podlogu, rastopite puter nepokriven prilikom odmrzavanja 2-2½ minuta. Umiješajte kekse i šećer. Dno i stranice posude promjera 20cm/8 obložite prozirnom folijom (plastičnom folijom) tako da vrlo malo visi preko ruba. Pokrijte dno i stranice smjesom za biskvit. Kuvajte otklopljeno do kraja 2½ minuta.

Za fil umutite sir dok ne omekša, a zatim umiješajte preostale sastojke osim pavlake. Sipajte u kalup za mrvice i lagano prekrijte kuhinjskim papirom. Kuvajte do kraja 12 minuta, okrećući posudu dva puta. Kolač je gotov kada se malo pomeri u sredini, a vrh se malo podigao i tek počinje da puca. Ostavite 5 minuta. Izvadite iz mikrotalasne i pažljivo premažite kiselom pavlakom, koja će se slegnuti na vrh i izgladiti kako se kolač ohladi.

Pečeni cheesecake od limete

Služi 10

Pripremite kao za pečeni cheesecake sa limunom, ali limun zamijenite koricom i sokom od 1 limete.

Pečeni cheesecake od crne ribizle

Služi 10

Pripremite kao za Cheesecake od zapečenog limuna, ali kada se potpuno ohladi, premažite ga ili kvalitetnim džemom od crne ribizle (iz konzerve) ili filom od voća od crne ribizle u konzervi.

Pečeni cheesecake od malina

Služi 10

Pripremite kao za pečeni cheesecake od limuna, ali kukuruzno brašno (kukuruzni škrob) zamijenite blancmange prahom od malina. Odozgo ukrasite svježim malinama.

Kolač od rogača

Služi 8

Pripremite kao za Victoria sendvič tortu, ali zamijenite 25g/1oz/¼ šolje kukuruznog brašna (kukuruzni škrob) i 25g/1oz/¼ šolje praha rogača sa 50g/2oz/½ šolje brašna. Sendvič zajedno sa kremom i/ili konzerviranim ili svježim voćem. Kremastim sastojcima po želji dodajte 5ml/1 žličicu esencije vanilije (ekstrakta).

Jednostavna čokoladna torta

Služi 8

Pripremite kao za Victoria sendvič tortu, ali zamijenite 25g/1oz/¼ šolje kukuruznog brašna (kukuruzni škrob) i 25g/1oz/¼ šolje kakao (nezaslađena čokolada) praha sa 50g/2oz/½ šolje brašna. Sendvič zajedno sa kremom i/ili čokoladnim namazom.

Torta od badema

Služi 8

Pripremite kao za Victoria sendvič tortu, ali zamijenite 40 g/1½ oz/3 žlice mljevenih badema istom količinom brašna. Začinite kremaste sastojke sa 2,5-5 ml/½-1 kašičice esencije badema (ekstrakta). Sendvič zajedno sa glatkim džemom od kajsija (konzerve) i tankim slojem marcipana (pasta od badema).

Viktorija sendvič torta

Služi 8

Pripremite kao za Victoria sendvič tortu ili neku od varijanti. Sendvič zajedno sa kremom od kreme ili putera (glazura) i/ili džemom (prezervati), čokoladnim namazom, puterom od kikirikija, skutom od narandže ili limuna, marmeladom od narandže, voćnim filom iz konzerve, medom ili marcipanom (pasta od badema). Prekriti vrh i strane kremom ili kremom od putera. Ukrasite svježim ili konzerviranim voćem, orasima ili dražejima. Za još bogatiju tortu prepolovite svaki pečeni sloj na četiri sloja prije filovanja.

Kindergarten čajni biskvit

Pravi 6 kriški

75 g/3 oz/2/3 šolje (super finog) šećera
3 jaja, sobne temperature
75 g/3 oz/¾ šolje višenamenskog brašna
90 ml/6 kašika duple (teške) ili pavlake za šlag, umućena
45 ml/3 kašike marmelade (rezerva)

Šećer u prahu (super fini) za posipanje

Dno i stranice posude za sufle promjera 18 cm/7 obložite prozirnom folijom (plastičnom folijom), dopuštajući joj da vrlo malo visi preko ruba. Šećer stavite u zdjelu i zagrijte, nepoklopljeno, odmrzavanje 30 sekundi. Dodajte jaja i umutite dok se smjesa ne zapjeni i zgusne do konzistencije šlaga. Pažljivo i lagano rezati i metalnom kašikom umiješati brašno. Nemojte tući niti miješati. Kada se sastojci dobro izmiješaju, prebacite u pripremljeno jelo. Pokrijte lagano kuhinjskim papirom i kuhajte na punoj temperaturi 4 minute. Ostavite 10 minuta, a zatim prebacite na rešetku držeći prozirnu foliju. Odlepite prozirnu foliju kada je hladna. Prepolovite ga i premažite kremom i džemom. Pre serviranja po vrhu pospite šećerom u prahu.

www.ingramcontent.com/pod-product-compliance
Lightning Source LLC
Chambersburg PA
CBHW070416120526
44590CB00014B/1421